CATÉCHISME

DES

CHAUFFEURS

DES

MACHINISTES

ET DES

APPRENTIS MÉCANICIENS ET CHAUFFEURS

Ouvrage publié par

L'ASSOCIATION DES INGÉNIEURS SORTIS DE L'ÉCOLE DE LIÉGE

PARIS

BERNARD TIGNOL, ÉDITEUR

LIBRAIRIE SCIENTIFIQUE, INDUSTRIELLE ET AGRICOLE

53 BIS, QUAI DES GRANDS-AUGUSTINS, 53 BIS

CATÉCHISME

DES

CHAUFFEURS

BIBLIOTHÈQUE DES ACTUALITÉS INDUSTRIELLES : N° 58

CATÉCHISME

DES

CHAUFFEURS

DES

MACHINISTES

ET DES

APPRENTIS MÉCANICIENS ET CHAUFFEURS

TRAITANT DU CHAUFFAGE DES CHAUDIÈRES A VAPEUR

DES APPAREILS DE SURETÉ

DU MONTAGE ET DE LA CONDUITE DES MACHINES

TROISIÈME ÉDITION

Ouvrage publié par

L'ASSOCIATION DES INGÉNIEURS SORTIS DE L'ÉCOLE DE LIÉGE

PARIS

BERNARD TIGNOL, LIBRAIRE-ÉDITEUR

53bis, QUAI DES GRANDS-AUGUSTINS, 53bis

LÉGISLATION

SUR LA

CONDUITE ET L'ÉTABLISSEMENT

DES MACHINES A VAPEUR

AUTRES QUE CELLES A BORD DES NAVIRES

DÉCRET DU 30 AVRIL 1880

Le Président de la République française,

Sur le rapport du ministre des travaux publics ;
Vu le décret du 25 janvier 1865, relatif aux chaudières à vapeur autres que celles qui sont placées sur des bateaux ;
Vu les avis de la Commission centrale des machines à vapeur ;
Le Conseil d'État entendu,

Décrète :

Article premier. — Sont soumis aux formalités et aux mesures prescrites par le présent règlement : 1° les générateurs de vapeur, autres que ceux qui sont placés à bord des bateaux ; 2° les récipients définis ci-après (Titre V).

TITRE PREMIER

Mesures de sûreté relatives aux chaudières
placées à demeure.

Art. 2. — Aucune chaudière neuve ne peut être mise en service qu'après avoir subi l'épreuve réglementaire ci-après définie. Cette épreuve doit être faite chez le constructeur et sur sa demande.

Toute chaudière venant de l'étranger est éprouvée, avant sa mise en service, sur le point du territoire français désigné par le destinataire dans sa demande.

Art. 3. — Le renouvellement de l'épreuve peut être exigé de celui qui fait usage d'une chaudière :

1° Lorsque la chaudière, ayant déjà servi, est l'objet d'une nouvelle installation ;

2° Lorsqu'elle a subi une réparation notable ;

3° Lorsqu'elle est remise en service après un chômage prolongé.

A cet effet, l'intéressé devra informer l'ingénieur des mines de ces diverses circonstances. En particulier, si l'épreuve exige la démolition du massif du fourneau ou l'enlèvement de l'enveloppe de la chaudière et un chômage plus ou moins prolongé, cette épreuve pourra ne point être exigée, lorsque des renseignements authentiques sur l'époque et les résultats de la dernière visite, intérieure et extérieure, constitueront une présomption suffisante en faveur du bon état de la chaudière. Pourront être notamment considérés comme renseignements probants les certificats délivrés aux membres des associations de propriétaires d'appareils à vapeur par celles de ces associations que le ministre aura désignées.

Le renouvellement de l'épreuve est exigible également lorsque, à raison des conditions dans lesquelles une chaudière fonctionne, il y a lieu, pour l'ingénieur des mines, d'en suspecter la solidité.

Dans tous les cas, lorsque celui qui fait usage d'une chaudière contestera la nécessité d'une nouvelle épreuve, il sera, après une instruction où celui-ci sera entendu, statué par le préfet.

En aucun cas, l'intervalle entre deux épreuves consécutives n'est supérieur à dix années. Avant l'expiration de ce délai, celui qui fait usage d'une chaudière à vapeur doit lui-même demander le renouvellement de l'épreuve.

Art. 4. — L'épreuve consiste à soumettre la chaudière à une pression hydraulique supérieure à la pression effective qui ne doit point être dépassée dans le service. Cette pression d'épreuve sera maintenue pendant le temps nécessaire à l'examen de la chaudière, dont toutes les parties doivent pouvoir être visitées.

La surcharge d'épreuve par centimètre carré est égale à la pression effective, sans jamais être inférieure à un demi-kilogramme ni supérieure à six kilogrammes.

L'épreuve est faite sous la direction de l'ingénieur des mines et en sa présence, ou, en cas d'empêchement, en présence du garde-mine opérant d'après ses instructions.

Elle n'est pas exigée pour l'ensemble d'une chaudière dont les diverses parties, éprouvées séparément, ne doivent être réunies que par des tuyaux placés sur tout leur parcours, en dehors du foyer et des conduits de flamme, et dont les joints peuvent être facilement démontés.

Le chef de l'établissement où se fait l'épreuve fournira la main-d'œuvre et les appareils nécessaires à l'opération.

Art. 5. — Après qu'une chaudière ou partie de chaudière a été éprouvée avec succès, il y est apposé un timbre, indiquant en kilogrammes par centimètre carré la pression effective que la vapeur ne doit pas dépasser.

Les timbres sont poinçonnés et reçoivent trois nombres indiquant le jour, le mois et l'année de l'épreuve.

Un de ces timbres est placé de manière à être toujours apparent après la mise en place de la chaudière.

Art. 6. — Chaque chaudière est munie de deux soupapes de sûreté, chargées de manière à laisser la vapeur s'écouler dès que la pression effective atteint la limite maximum indiquée par le timbre réglementaire.

L'orifice de chacune des soupapes doit suffire à maintenir, celle-ci étant au besoin convenablement déchargée ou soulevée et quelle que soit l'activité du feu, la vapeur dans la chaudière à un degré de pression qui n'excède pour aucun cas la limite ci-dessus.

Le constructeur est libre de répartir, s'il le préfère, la section totale d'écoulement nécessaire des deux soupapes réglementaires entre un plus grand nombre de soupapes.

Art. 7. — Toute chaudière est munie d'un manomètre en bon état placé en vue du chauffeur et gradué de manière à indiquer, en kilogrammes, la pression effective de la vapeur dans la chaudière.

Une marque très apparente indique, sur l'échelle du manomètre, la limite que la pression effective ne doit point dépasser.

La chaudière est munie d'un ajutage terminé par une bride de 0 m. 04 de diamètre et de 0 m. 005 d'épaisseur disposée pour recevoir le manomètre vérificateur.

Art. 8. — Chaque chaudière est munie d'un appareil de retenue, soupape ou clapet, fonctionnant automatiquement et placé au point d'insertion du tuyau d'alimentation qui lui est propre.

Art. 9. — Chaque chaudière est munie d'une soupape ou d'un robinet d'arrêt de vapeur, placé autant que possible à l'origine du tuyau de conduite de vapeur, sur la chaudière même.

Art. 10. — Toute paroi en contact par une de ses faces avec la flamme doit être baignée par l'eau sur sa face opposée.

Le niveau de l'eau doit être maintenu, dans chaque chaudière, à une hauteur dé marche telle qu'il soit, en toute circonstance, à 0 m. 06 au moins au-dessus du plan pour lequel la condition précédente cesserait d'être remplie. La position limite sera indiquée, d'une manière très apparente, au voisinage du tube de niveau mentionné à l'article suivant.

Les prescriptions énoncées au présent article ne s'appliquent point :

1° Aux surchauffeurs de vapeur distincts de la chaudière ;

2° A des surfaces relativement peu étendues et placées de manière à ne jamais rougir, même lorsque le feu est poussé à son maximum d'activité, telles que les tubes ou parties de cheminées qui traversent le réservoir de vapeur, en envoyant directement à la cheminée principale les produits de la combustion.

Art. 11. — Chaque chaudière est munie de deux appareils indicateurs du niveau de l'eau, indépendants l'un de l'autre, et placés en vue de l'ouvrier chargé de l'alimentation.

L'un de ces deux indicateurs est un tube en verre, disposé de manière à pouvoir être facilement nettoyé et remplacé au besoin.

Pour les chaudières verticales de grande hauteur, le tube en verre est remplacé par un appareil disposé de manière à reporter, en vue de l'ouvrier chargé de l'alimentation, l'indication du niveau de l'eau dans la chaudière.

TITRE II

Etablissement de chaudières à vapeur placées à demeure.

Art. 12. — Toute chaudière à vapeur destinée à être employée à demeure ne peut être mise en service qu'après une déclaration adressée, par celui qui fait usage du générateur, au préfet du département. Cette déclaration est enregistrée à sa date. Il en est donné acte. Elle est communiquée sans délai à M. l'ingénieur en chef des mines.

Art. 13. — La déclaration fait connaître avec précision :

1° Le nom et le domicile du vendeur de la chaudière ou l'origine de celle-ci ;

2° La commune et le lieu où elle est établie ;

3° La forme, la capacité et la surface de chauffe ;

4° Le numéro du timbre réglementaire ;

5° Un numéro distinctif de la chaudière, si l'établissement en possède plusieurs ;

6° Enfin, le genre d'industrie et l'usage auquel elle est destinée.

Art. 14. — Les chaudières sont divisées en trois catégories.

Cette classification est basée sur le produit de la multiplication du nombre exprimant, en mètres cubes, la capacité totale de la chaudière (avec ses bouilleurs et ses réchauffeurs alimentaires, mais sans y comprendre les surchauffeurs de vapeur), par le nombre exprimant, en degrés centigrades, l'excès de la température de l'eau correspondant à la pression indiquée par le timbre réglementaire sur la température de 100 degrés, conformément à la table annexée au présent décret.

Si plusieurs chaudières doivent fonctionner ensemble

dans un même emplacement et si elles ont entre elles une communication quelconque, directe ou indirecte, on prend, pour former le produit, comme il vient d'être dit, la somme des capacités de ces chaudières.

Les chaudières sont de la première catégorie, quand le produit est plus grand que 200 ; de la deuxième, quand le produit n'excède pas 200, mais surpasse 50 ; de la troisième, si le produit n'excède pas 50.

Art. 15. — Les chaudières comprises dans la première catégorie doivent être établies en dehors de toute maison d'habitation et de tout atelier surmonté d'étages. N'est pas considérée comme un étage, au-dessus de l'emplacement d'une chaudière, une construction dans laquelle ne se fait aucun travail nécessitant la présence d'un personnel à poste fixe.

Art. 16. — Il est interdit de placer une chaudière de première catégorie à moins de 3 mètres d'une maison d'habitation.

Lorsqu'une chaudière de première catégorie est placée à moins de dix mètres d'une maison d'habitation, elle en est séparée par un mur de défense.

Ce mur, en bonne et solide maçonnerie, est construit de manière à défiler la maison par rapport à tout point de la chaudière distant de moins de 10 mètres, sans toutefois que sa hauteur dépasse de 1 mètre la partie la plus élevée de la chaudière. Son épaisseur est égale au tiers au moins de sa hauteur, sans que cette épaisseur puisse être inférieure à 1 mètre en couronne. Il est séparé du mur de la maison voisine par un intervalle libre de 30 centimètres de largeur au moins.

L'établissement d'une chaudière de première catégorie à la distance de 10 mètres ou plus d'une maison d'habitation n'est assujetti à aucune condition particulière.

Les distances de 3 mètres et de 10 mètres, fixées ci-dessus, sont réduites respectivement à $1^m,50$ et à 5 mètres, lorsque la chaudière est enterrée de façon que la partie supérieure de ladite chaudière se trouve à 1 mètre en contre-bas du sol, du côté de la maison voisine.

Art. 17. — Les chaudières comprises dans la deuxième catégorie peuvent être placées dans l'intérieur de tout atelier, pourvu que l'atelier ne fasse pas partie d'une maison d'habitation.

Les foyers sont séparés des murs des maisons voisines par un intervalle libre de 1 mètre au moins.

Art. 18. — Les chaudières de troisième catégorie peuvent être établies dans un atelier quelconque, même lorsqu'il fait partie d'une maison d'habitation.

Les foyers sont séparés des murs des maisons voisines par un intervalle libre de 0^m,50 au moins.

Art. 19. — Les conditions d'emplacement prescrites, pour les chaudières à demeure, par les précédents articles, ne sont pas applicables aux chaudières pour l'établissement desquelles il aura été satisfait au décret du 25 janvier 1865, antérieurement à la promulgation du présent règlement.

Art. 20. — Si, postérieurement à l'établissement d'une chaudière, un terrain contigu vient à être affecté à la construction d'une maison d'habitation, celui qui fait usage de la chaudière devra se conformer aux mesures prescrites par les articles 16, 17 et 18, comme si la maison eût été construite avant l'établissement de la chaudière.

Art. 21. — Indépendamment des mesures générales de sûreté prescrites au titre 1er, de la déclaration prévue par les articles 12 et 13, les chaudières à vapeur fonctionnant dans l'intérieur des mines sont soumises aux conditions que pourra prescrire le préfet, suivant les cas et sur le rapport de l'ingénieur des mines.

TITRE III. — *Chaudières locomobiles.*

Art. 22. — Sont considérées comme locomobiles les chaudières à vapeur qui peuvent être transportées facilement d'un lieu dans un autre, n'exigent aucune construction pour fonctionner sur un point donné et ne sont emp'oyées que d'une manière temporaire à chaque station.

Art. 23. — Les dispositions des articles 2 à 11 inclusivement du présent décret sont applicables aux chaudières locomobiles.

Art. 24. — Chaque chaudière porte une plaque sur laquelle sont gravés, en caractères très apparents, le nom et le domicile du propriétaire et un numéro d'ordre, si ce propriétaire possède plusieurs chaudières locomobiles.

Art. 25. — Elle est l'objet de la déclaration prescrite par les articles 12 et 13, adressée au préfet du département où est le domicile du propriétaire.

L'ouvrier chargé de la conduite devra représenter à toute réquisition le récépissé de cette déclaration.

TITRE IV. — *Chaudières des machines locomobiles.*

Art. 26. — Les machines à vapeur locomobiles sont celles qui, sur terre, travaillent en même temps qu'elles se déplacent par leur propre force, telles que les machines des chemins de fer et des tramways, les machines routières, les rouleaux compresseurs, etc.

Art. 27. — Les dispositions des articles 2 à 8 inclusivement et celles des articles 11 et 24 sont applicables aux chaudières des machines locomotives.

Art. 28. — Les dispositions de l'article 25, § 1er, s'appliquent également à ces chaudières.

Art. 29. — La circulation des machines locomotives a lieu dans les conditions déterminées par des règlements spéciaux.

TITRE V. — *Récipients.*

Art. 30. — Sont soumis aux dispositions suivantes les récipients de formes diverses, d'une capacité de plus de 100 litres, au moyen desquels les matières à élaborer sont chauffées non directement à feu nu, mais par de la vapeur empruntée à un générateur distinct, lorsque leur communication avec l'atmosphère n'est point établie par des moyens excluant toute pression effective nettement appréciable.

Art. 31. — Ces récipients sont assujettis à la déclaration prescrite par les articles 12 et 13.

Ils sont soumis à l'épreuve, conformément aux articles 2, 3, 4 et 5. Toutefois, la surcharge d'épreuve sera, dans tous les cas, égale à la moitié de la pression maximum à laquelle l'appareil doit fonctionner, sans que cette surcharge puisse excéder 4 kilogrammes par centimètre carré.

Art. 32. — Ces récipients sont munis d'une soupape de sûreté réglée pour la pression indiquée par le timbre, à moins que cette pression ne soit égale ou supérieure à celle fixée pour la chaudière alimentaire.

L'orifice de cette soupape, convenablement déchargée ou soulevée au besoin, doit suffire à maintenir, pour tous les cas, la vapeur dans le récipient à un degré de pression qui n'excède pas la limite du timbre.

Elle peut être placée, soit sur le récipient lui-même, soit sur le tuyau d'arrivée de la vapeur, entre le robinet et le récipient.

Art. 33. — Les dispositions des articles 30, 31 et 32 s'appliquent également aux réservoirs dans lesquels de l'eau à haute température est emmagasinée, pour fournir ensuite un dégagement de vapeur ou de chaleur, quel qu'en soit l'usage.

Art. 34. — Un délai de six mois, à partir de la pro-

mulgation du présent décret, est accordé pour l'exécution des quatre articles qui précèdent.

TITRE VI. — *Dispositions générales.*

Art. 35. — Le ministre peut, sur le rapport des ingénieurs des mines, l'avis du préfet et celui de la Commission centrale des machines à vapeur, accorder dispense de tout ou partie des prescriptions du présent décret dans tous les cas où, à raison soit de la forme, soit
de la faible dimension des appareils, soit de la position
spéciale des pièces contenant de la vapeur, il serait reconnu que la dispense ne peut pas avoir d'inconvénients.

Art. 36. — Ceux qui font usage de générateurs ou
de récipients de vapeur veilleront à ce que ces opéra-
teurs soient entretenus constamment en bon état de
service.

A cet effet, ils tiendront la main à ce que des visites
complètes, tant à l'intérieur qu'à l'extérieur, soient
faites à des intervalles rapprochés, pour constater l'état
des appareils et assurer l'exécution en temps utile des
réparations ou remplacements nécessaires.

Ils devront informer les ingénieurs des réparations
notables faites aux chaudières et autres récipients, en
vue de l'exécution des articles 3 (1°, 2° et 3°) et 31, 2°.

Art. 37. — Les contraventions au présent règlement
sont constatées, poursuivies et réprimées conformément aux lois.

Art. 38. — En cas d'accident ayant occasionné la
mort ou des blessures, le chef de l'établissement doit
prévenir immédiatement l'autorité chargée de la police locale et l'ingénieur des mines chargé de la surveillance. L'ingénieur se rend sur les lieux, dans le
plus bref délai, pour visiter les appareils, en constater
l'état et rechercher les causes de l'accident. Il rédige
sur le tout :

1° Un rapport qu'il adresse au procureur de la République et dont une expédition est transmise à l'ingénieur en chef, qui fait parvenir son avis à ce magistrat ;

2° Un rapport qui est adressé au préfet, par l'intermédiaire et avec l'avis de l'ingénieur en chef.

En cas d'accident n'ayant occasionné ni mort ni blessures, l'ingénieur des mines seul est prévenu ; il rédige un rapport qu'il envoie, par l'intermédiaire et avec l'avis de l'ingénieur en chef, au préfet.

En cas d'explosion, les constructions ne doivent point être réparées et les fragments de l'appareil rompu ne doivent point être déplacés ou dénaturés avant la constatation de l'état des lieux par l'ingénieur.

Art. 39. — Par exception, le ministre pourra confier la surveillance des appareils à vapeur aux ingénieurs ordinaires et aux conducteurs des ponts et chaussées, sous les ordres de l'ingénieur en chef des mines de la circonscription.

Art. 40. — Les appareils à vapeur qui dépendent des services spéciaux de l'État sont surveillés par les fonctionnaires et agents de ces services.

Art. 41. — Les attributions conférées aux préfets des départements par le présent décret sont exercées par le préfet de police dans toute l'étendue de son ressort.

Art. 42. — Est rapporté le décret du 25 janvier 1865.

Art. 43. — Le ministre des travaux publics est chargé de l'exécution du présent décret qui sera inséré au *Bulletin des lois*.

Fait à Paris, le 30 avril 1880.

JULES GRÉVY.

Pour le Président de la République :

Le Ministre des travaux publics,

H. VARROY.

Table donnant la température (en degrés centigrades) de l'eau correspondant à une pression donnée (en kilogrammes effectifs).

VALEURS CORRESPONDANTES			
de la pression effective en kilogrammes.	de la température en degrés centigrades.	de la pression effective en kilogrammes.	de la température en degrés centigrades.
0.5	111	10.5	185
1.0	120	11.0	187
1.5	127	11.5	189
2.0	133	12.0	191
2.5	138	12 5	193
3.0	143	13.0	194
3.5	147	13.5	196
4.0	151	14.0	197
4 5	155	14.5	199
5.0	158	15.0	200
5.5	161	15.5	202
6.0	164	16.0	203
6.5	167	16.5	205
7.0	170	17.0	206
7.5	173	17.5	208
8.0	175	18.0	209
8.5	177	18.5	210
9.0	179	19.0	211
9.5	181	19.5	213
10.0	183	20.0	214

DÉCRET DU 29 JUIN 1886.

Le Président de la République française,

Sur le rapport du ministre des travaux publics ;
Vu la loi du 21 juillet 1856 ;

2

Vu le décret du 30 avril 1880 relatif aux chaudières à vapeur autres que celles qui sont placées sur des bateaux ;

Vu l'avis de la Commission centrale des machines à vapeur, en date du 4 février 1886 ;

Le Conseil d'État entendu,

Décrète :

Article premier. — Lorsque plusieurs générateurs de vapeur, placés à demeure, sont groupés sur une conduite générale de vapeur en nombre tel que le produit, formé comme il est dit à l'article 14 du décret du 30 avril 1880, en prenant comme base du calcul le timbre réglementaire le plus élevé, dépasse le nombre 1800, lesdits générateurs sont répartis par séries correspondant chacun à un produit au plus égal à ce nombre ; chaque série est munie d'un clapet automatique d'arrêt, disposé de façon à éviter, en cas d'explosion, le déversement de la vapeur des séries restées intactes.

Art. 2. — Lorsqu'un générateur de première catégorie est chauffé par les flammes perdues d'un ou plusieurs fours métallurgiques, tout le courant des gaz chauds doit, en arrivant au contact des tôles, être dirigé tangentiellement aux parois de la chaudière.

A cet effet, si les rampants destinés à amener les flammes ne sont pas construits de façon à assurer ce résultat, les tôles exposées aux coups de feu sont protégées, en face des débouchés des rampants dans les carneaux, par des murettes en matériaux réfractaires, distantes des tôles d'au moins cinquante millimètres, et suffisamment étendues dans tous les sens pour que les courants de gaz chauds prennent des directions sensiblement tangentielles aux surfaces des tôles voisines avant de les toucher

Art. 3. — Les dispositions de l'article 35 du décret du 30 avril 1880 sont applicables aux prescriptions du présent règlement.

Art. 4. — Un délai de six mois est accordé aux propriétaires des chaudières existant antérieurement à la promulgation du présent règlement, pour se conformer aux prescriptions ci-dessus.

CATÉCHISME

DES

CHAUFFEURS ET DES MACHINISTES

PREMIÈRE PARTIE

DE LA COMBUSTION ET DE LA CONDUITE DU FEU

I

De la combustion.

On nomme combustion une action chimique que l'air exerce sur du charbon (ou toute autre matière nommée combustible), et par suite de laquelle on obtient de la chaleur.

Cette action ne se produit pas toute séule ; il faut y aider. Il ne suffit pas d'exposer à l'air un morceau de charbon pour que celui-ci brûle ; en d'autres termes, pour produire de la chaleur, il faut commencer par en avoir. Heureusement, il suffit d'en avoir un peu, car l'action chimique nommée combustion se charge d'en produire beaucoup et pendant longtemps.

Ce peu de chaleur initiale s'obtient au moyen de corps plus faciles que d'autres à faire brûler. Il y a des substances qu'il suffit de frotter contre un corps dur pour que l'air les enflamme aussitôt : c'est par de telles substances que sont constituées les allumettes chimiques.

La chaleur développée par cette première combustion n'est pas considérable; mais elle suffit pour échauffer et enflammer à l'air d'autres corps légers : paille, copeaux, étoupes grasses, etc.

Si ces corps légers sont en quantité suffisante, la chaleur dégagée par leur combustion peut communiquer à quelques fragments de houille la température nécessaire pour s'emparer de l'air et entrer en combustion.

Toutefois, il n'est pas inutile de savoir que, dans ce phénomène chimique appelé combustion, l'air n'agit pas tout entier. Il est principalement composé de deux éléments : l'un, appelé oxygène, *est le seul agent de la combustion;* l'autre, appelé azote, passe dans le charbon sans s'y arrêter.

Dans un volume donné d'air, la quantité d'azote est quatre fois plus grande que celle d'oxygène. Ainsi, quand on fait arriver cinq mètres cubes d'air en contact avec du charbon pour le brûler, celui-ci, en réalité, n'agit que sur un seul mètre cube d'oxygène; quatre mètres cubes d'azote ont été simplement tamisés à travers le combustible et expulsés. On conclut de cette observation que si, pour brûler un kilogramme de houille, il faut à peu près deux mètres cubes d'oxygène pris à la température de l'air atmosphérique, *il faudra dix mètres d'air pour trouver cet oxygène.*

Une fois la combustion opérée, le charbon et l'air ne sont pas anéantis; ils ne sont que transformés en diverses substances gazeuses qui forment la fumée.

Dans la fumée se trouvent principalement les gaz suivants :

1° L'acide carbonique, résultat de la combustion parfaite du charbon;

2° L'oxyde de carbone, résultat d'une combustion moins parfaite de certains fragments de charbon qui n'ont pu s'emparer d'une quantité suffisante d'oxygène.

Ensuite :

3° De la vapeur d'eau provenant de la combustion d'un autre gaz, nommé hydrogène, qui entre en petite quantité dans la composition des houilles. Ce gaz prend une portion d'oxygène pour se transformer en vapeur d'eau ;

4° De l'azote, dont une partie appartient à l'air qui a fourni l'oxygène ; une autre partie provient aussi de la décomposition de la houille.

Ce mélange de gaz chauds doit être presque invisible ; mais il est très souvent noirci par des poussières de charbon enlevées par le courant d'air, ou bien par des composés ordinairement gazeux qu'un refroidissement a condensés et soustraits à l'action de l'oxygène.

Dans ce dernier cas, la houille, au lieu de brûler, distille comme dans les cornues à gaz.

Les houilles contiennent des substances dites *incombustibles*, parce qu'elles ne peuvent pas brûler : elles forment la cendre et le mâchefer, ou cendre fondue.

II

Du fourneau.

La combustion s'opère dans un appareil nommé fourneau et composé de trois parties principales : *le foyer, le carneau et la cheminée.*

Le foyer comporte lui-même deux parties ou étages : l'étage inférieur est le *cendrier;* comme son nom l'indique, c'est le lieu où se rassemblent les cendres et le mâchefer, échappés de l'étage supérieur. Celui-ci est séparé du premier par une cloison presque horizontale, à claire-voie, nommée *grille*, et sur laquelle est étalé le charbon.

Cette grille est formée de barreaux en fonte ou en fer, aussi minces que possible, posés de champ, sur des traverses, de manière à ne se toucher ni sur les côtés ni par les extrémités. Les espaces libres entre les barreaux sont égaux entre eux, et leur grandeur dépend de la qualité du combustible : ces jours laissent passer, d'une part, de haut en bas, les parties incombustibles de la houille, cendre et mâchefer, et, d'autre part, de bas en haut, l'air destiné à produire la combustion, et qui s'introduit par le cendrier, ouvert à cet effet sur le devant.

Le compartiment ou étage supérieur, qui a la grille pour plancher à jours, est fermé latéralement par des murailles, qui limitent aussi le cendrier, et, sur le devant, par une plaque en fonte encastrée dans les maçonneries et munie d'une porte. C'est par cette porte que le chauffeur introduit la houille et l'étale sur la grille. Le fond s'ouvre sur le *carneau*, dans lequel se précipitent les gaz chauds, produits de la combustion ; ils y lèchent la paroi de la chaudière pour la chauffer, et de là pénètrent dans la *cheminée*, d'où enfin ils s'échappent dans l'atmosphère.

La paroi postérieure du cendrier s'élève à quelques centimètres au-dessus de la grille et se raccorde avec le sol du carneau par un plan incliné à 45°. La portion de ce mur qui est au-dessus de la grille se nomme *autel*.

Entre la porte et la grille, sur le même plan que celle-ci, est une plaque de fonte dont la longueur occupe toute la largeur du foyer.

Le foyer peut se trouver dans l'intérieur de la

chaudière aussi bien qu'à l'extérieur. Alors il est renfermé, avec son cendrier, dans une enveloppe en tôle ; l'autel est formé d'une paroi également en tôle, montant un peu plus haut que la grille.

Au delà de l'autel, les gaz chauds provenant de la combustion passent dans un ou plusieurs conduits ou carneaux qui longent la chaudière ; ils favorisent et prolongent son contact avec les gaz chauds.

La cheminée est toujours munie d'une glissière ou registre, à l'aide duquel on peut, suivant les circonstances, modifier son ouverture.

Ce registre est quelquefois en communication avec la porte du foyer, de manière qu'on ne peut ouvrir celle-ci sans fermer en grande partie celui-là.

Les cheminées des locomotives livrent aussi passage à la décharge de la vapeur ; elle s'y élance par un tuyau à embouchure rendue variable au moyen d'une valve qui est à la disposition du mécanicien.

Quand on veut construire un fourneau, il est de la plus grande importance de suivre fidèlement les plans et les instructions d'un ingénieur capable : il faut se garder des idées que suggère la routine, trop souvent confondue avec la pratique.

III

De la conduite du feu.

1. D. *Une fois la houille allumée, que reste-t-il à faire ?*

R. La chaleur se propage, il faut achever le feu et l'entretenir. Pour cela, on ajoute peu à peu du charbon.

2. D. *Pourquoi dites-vous peu à peu ?*

R. Parce que si l'on ajoute sur le feu, à peine commencé, une trop grande masse de charbon à la fois, la faible quantité de chaleur possédée par les premiers morceaux se partage sur les nouveaux ; elle peut alors devenir inférieure à ce qui est indispensable pour favoriser l'action de l'air ; dans ce cas, cette action ne commencera pas sur les nouveaux et ne se continuera plus sur les premiers ; au lieu d'activer le feu, on l'éteindra ; l'opération, à recommencer, aura coûté en pure perte une dépense de temps et de premier combustible : on évitera cet inconvénient très fâcheux, en ajoutant le charbon par petites quantités à la fois sur la grille.

3. D. *Parmi les produits gazeux de la combustion, quels sont ceux qui vous intéressent le plus?*

R. D'abord l'acide carbonique, dont la formation développe beaucoup moins de chaleur et correspond à la combustion la plus complète et la mieux réussie.

Ensuite l'oxyde de carbone, dont la formation développe le plus de chaleur et correspond à une combustion imparfaite.

4. D. *Peut-on reconnaître ces deux produits?*

R. Oui. L'acide carbonique, produit par la combustion complète, est un gaz invisible ; mais sa haute température rend brillantes les poussières solides qu'il entraîne. Il en résulte une flamme claire et brillante, tandis que l'oxyde de carbone, produit par la combustion imparfaite, donne des flammes bleues quand on ouvre la porte du foyer.

5. D. *Il faut donc éviter l'apparition de ces flammes bleues?*

R. Oui, et avec le plus grand soin : on doit, au contraire, chercher à développer des flammes claires, uniformément réparties sur toute la surface du feu, et ne pas laisser exister de taches noires.

6. D. *Que sont ces taches noires ?*

R. Ce sont des paquets de houille qui distillent et donnent de la fumée noire, parce que l'air ne les atteint pas. Il est souvent arrêté par du mâchefer et des cendres qui ne donnent pas de chaleur, mais en absorbent au contraire.

7. D. *Comment ferez-vous pour éviter les flammes bleues ?*

R. La combustion incomplète étant causée par l'insuffisance de la quantité d'air qui passe à travers les grilles, j'augmenterai convenablement cette quantité d'air sans refroidir le foyer.

Pour cela, je réglerai le tirage, c'est-à-dire la masse d'air appelée par la cheminée ; je m'efforcerai de répartir uniformément cet air sur le foyer, en enlevant les cendres et le mâchefer.

8. D. *Et la fumée noire ?*

R. La fumée noire, épaisse et abondante, est un signe que la combustion est presque arrêtée, au moins à certaines places. Le charbon enlevé ainsi par le courant d'air, ou seulement distillé, est une dépense perdue.

9. D. *Peut-on l'éviter ?*

R. Oui, du moins en grande partie : d'abord, en étalant sur le charbon rouge le charbon noir, s'il y en a qui distille et échappe à l'action de l'air ; ensuite, en diminuant la dose de charbon chargée à la fois sur le foyer, pour ne pas trop refroidir celui-ci ; enfin, en s'efforçant de faire arriver l'air en quantité suffisante, sans qu'il produise lui-même un trop fort abaissement de température.

10. D. *Cela est-il possible ?*

R. Avec un appareil bien proportionné, le chauffeur peut fournir à son foyer la quantité d'air convenable

pour obtenir une combustion, sinon absolument parfaite, du moins presque sans perte. C'est toujours en
modifiant le tirage, c'est-à-dire en manœuvrant convenablement le registre de la cheminée, ou bien la valve
de décharge de la vapeur dans les cheminées de locomotives.

11. D. *La cheminée a donc une autre fonction que
celle de laisser échapper les produits de la combustion ?*

R. Certainement : sa principale mission est d'appeler
l'air sur le foyer.

12. D. *De quoi dépend l'accomplissement de cette mission ?*

R. De la section donnée à la cheminée et de la vitesse
que les gaz y possèdent. Cette vitesse dépend principalement à son tour de la hauteur de la cheminée et de
la température du gaz.

Toutefois, dans les cheminées des locomotives et des
locomobiles en général, le tirage dépend aussi de la
pression avec laquelle la vapeur s'échappe.

13. D. *Quelle est l'influence de chacun de ces éléments ?*

R. La hauteur n'a pas une grande influence; elle
n'est du reste pas à la disposition du chauffeur. Un
tirage étant donné, il faudrait quadrupler la hauteur
pour le doubler.

La température ne doit s'écarter que le moins possible d'environ 300 degrés, ce qui est admis jusqu'à
présent comme correspondant au maximum de tirage.
Il serait à désirer que l'on mit toujours le chauffeur à
même de contrôler la température de la cheminée.

La section a une influence sensible sur le volume
d'air admis; on la rend variable à l'aide d'un registre
que le chauffeur peut manœuvrer.

14. D. *Pourquoi ne pas laisser la cheminée continuellement libre ?*

R. Une sage prévoyance exige, quand on construit une cheminée, qu'on la fasse plus large que ne le demandent les besoins immédiats. Alors elle peut appeler une masse d'air beaucoup plus grande que celle qui est indispensable à la combustion ; cet excès refroidit le foyer, comme l'excès contraire.

15. D. *La quantité d'air nécessaire à la combustion est-elle variable ?*

R. Oui. Par exemple, lorsque, après avoir nettoyé la grille, on vient de recharger celle-ci presque entièrement de combustible frais, le refroidissement est quelquefois tel que la fumée se dégage abondamment.

Il faut brûler cette fumée à l'aide d'un surcroît d'air, qu'on tâche de faire arriver aussi chaud que possible.

16. D. *Comment échauffer cet air ?*

R. Il y a deux moyens :

Le premier, le plus efficace, consiste à repousser au fond du foyer presque tout le charbon incandescent qui reste après le nettoyage, de manière à lui donner l'épaisseur générale du feu. Le peu qui reste sur le devant est alors recouvert de frais : la fumée passe au-dessus du charbon rouge, à travers lequel passe en s'échauffant un excès d'air. La rencontre de cet air chaud et de la fumée donne lieu à la combustion ; elle est complète si la manœuvre est bien comprise et bien exécutée.

L'autre moyen s'ajoute comme supplément au premier ; il consiste, après le chargement de la grille, à laisser la porte entr'ouverte de 2 ou 3 centimètres ; l'air se précipite par cette ouverture, s'échauffe en passant sur les pièces de fonte chaudes et va se mélanger à la fumée, puis la brûler un peu plus loin, vers le fond du foyer. Afin d'obtenir le même résultat, d'une façon plus facile à régler, on peut ménager dans les portes quelques petites ouvertures qu'on ferme ou qu'on ouvre à volonté.

17. D. *La quantité de charbon que l'on jette à la fois sur la grille pour l'alimenter a-t-elle de l'importance ?*

R. Une très grande. Il ne faut alimenter la grille que par faibles quantités à la fois; car, ainsi que nous l'avons déjà fait remarquer (n° 2), une grande quantité de charbon frais, étendue à la fois sur toute la surface de la grille, en abaisse la température et, en outre, obstrue les passages de l'air.

Il ne faut étendre sur la grille que des couches minces de charbon nouveau ou frais.

18. D. *Quelle épaisseur convient-il de donner au combustible sur la grille ?*

R. Dix centimètres tout au plus : alors la quantité d'air appelée par la cheminée, trouvant des passages en quantité suffisante, ne s'écoule pas trop vite ; elle reste, au contraire, en contact avec les fragments de charbon, un temps assez long pour opérer la combustion la plus complète possible.

C'est ce qu'on appelle la combustion lente, qui est la plus avantageuse.

19. D. *Quelles sont encore les causes qui font que l'air passe trop vite par le foyer ?*

R. La malpropreté de la grille, due aux cendres et au mâchefer qui empâte les barreaux, les soude ensemble, et supprime les jours. L'air ayant moins de passage, et la quantité appelée restant la même, il faut bien qu'il s'écoule plus vite par les jours restés libres.

On marche alors avec ce qu'on appelle improprement

une combustion rapide, c'est-à-dire une combustion qui n'a pas le temps de s'effectuer convenablement.

Il en résulte que la vapeur coûte plus cher.

20. D. *Que faut-il faire ?*

R. Nettoyer la grille, faire tomber la cendre, et arracher le mâchefer.

Pour cela, on donne un bon tirage pour développer une chaleur qui entretient le mâchefer en fusion pâteuse; il s'enlève alors facilement. Il est bon de faire remarquer à ce sujet que l'emploi des barreaux très minces et très hauts, offrant par-dessous une très grande surface à l'air froid, est fort avantageux. Le mâchefer n'y adhère jamais : ou bien il s'écoule en perles froides entre les jours, ou bien il s'enlève facilement au ringard; en tous cas, le nettoyage du feu est considérablement facilité.

21. D. *Peut-on, sans inconvénient, faire de fréquents nettoyages du feu ?*

R. Non ; quand la porte reste longtemps entièrement ouverte, l'air s'y précipite en abondance et refroidit beaucoup et brusquement le foyer et la chaudière.

Il en résulte deux inconvénients : l'un concerne le travail de la machine, qui peut être diminué instantanément et retardé avec perte.

L'autre concerne le métal de la chaudière; les changements brusques de température produisent des contractions et des dilatations instantanées, surtout aux joints et aux clous; il se forme des fuites, qui nécessitent des réparations coûteuses par elles-mêmes et surtout par les chômages.

Il faut donc s'exercer à nettoyer rapidement et complètement, afin de ne pas être obligé de recommencer trop souvent.

Pendant cette opération, on ferme à peu près le registre pour n'avoir que très peu de tirage.

22. D. *Est-il toujours possible d'éviter de fréquents nettoyages ?*

R. Non, si la grille est mal proportionnée et si le charbon est trop sale.

Dans le premier cas, le chauffeur n'y peut rien ; dans le second cas, il peut atténuer le mal en retirant d'abord les pierres, puis en recherchant et rejetant les pyrites, qui sont les substances les plus pernicieuses au chauffage.

23. D. *A quoi reconnait-on ces pyrites ?*

R. A leur couleur, qui les fait prendre souvent pour du cuivre ; à leur forme, qui est quelquefois celle d'un cube régulier.

24. D. *Quelle est la meilleure méthode à suivre pour alimenter la grille en marche ordinaire?*

R. Quand il est temps de charger du charbon sur la grille, il faut, comme nous l'avons déjà dit, le distribuer uniformément en couche mince sur toute la surface. Immédiatement après le chargement, on ne ferme pas la porte entièrement, mais on y laisse pénétrer un mince filet d'air, qui s'échauffe en passant par l'avant-foyer, et, arrivant en contact avec la fumée, la brûle.

Ou bien on repousse presque tout le combustible incandescent vers l'arrière du foyer, et on charge le combustible frais sur l'avant. L'air passe et s'échauffe dans la couche du premier; la fumée du second rencontre cet air et se brûle avec profit, comme nous l'avons déjà indiqué (n° 16).

25. D. *N'y a-t-il pas d'autre observation à faire?*

R. Comme l'alimentation du foyer est une cause de refroidissement, il faut éviter de la faire coïncider avec d'autres causes du même genre; par exemple, avec l'alimentation de la chaudière.

Le chargement doit être prompt, pour éviter une trop longue ouverture de la porte. (Celle-ci peut d'ailleurs être liée au registre de la cheminée de telle façon que l'une ne puisse s'ouvrir sans que l'autre ne se ferme en partie.) Un chauffeur exercé voit rapidement la place où le combustible manque et où il faut en remettre : s'il prévoit qu'il y a un peu de temps à perdre, il pourra tant soit peu en diminuer le tirage par le registre, sans toutefois fermer celui-ci complètement, car la suppression brusque et totale du tirage aurait pour effet de refouler les gaz chauds et enflammés vers la porte, et de brûler le chauffeur.

26. D. *Qu'entend-on par la combustion lente dont vous avez parlé (n° 18)?*

R. Celle qui a lieu lorsque le charbon est distribué sur une grille vaste et en couche mince, de telle façon que l'air appelé passe par tous les points de la grille, avec une vitesse uniforme et modérée, afin que le phénomène de la combustion ait le temps de s'accomplir.

C'est la marche la plus économique, et il est désirable que la construction du foyer mette le chauffeur à même de la suivre; il est coupable du préjugé d'ignorance, au contraire, lorsque, se trouvant en présence d'un foyer bien construit, il s'entête à vouloir en restreindre les dimensions. Et il est bon d'ajouter, dans son intérêt, que le métier de chauffeur est ordinairement très pénible, quand le foyer a des dimensions écourtées.

27. D. *N'y a-t-il pas de soins à donner au combustible?*

R. Il faut le mettre à l'abri de la pluie. Lorsque cela

n'est pas possible à l'égard d'une provision de plusieurs jours, il faut au moins que la provision du jour soit amenée près du foyer et mise à couvert.

Il est bien entendu que le chauffeur doit avoir à sa disposition les moyens de suivre cette règle économique.

28. D. *Quels sont les soins à donner au feu un peu avant les arrêts et à la fin de la journée ?*

R. C'est le moment de procéder à toutes les opérations qui ont pour conséquence de refroidir, telles que le nettoyage de la grille, l'alimentation du feu et celle de la chaudière.

Pendant l'arrêt, on a le temps de laisser remonter la pression de la vapeur, puisqu'on n'en use pas.

A la fin de la journée, un peu avant l'arrêt, on nettoie soigneusement la grille et l'on charge en combustible mouillé sur toute la surface ; cela s'appelle couvrir le feu. On ferme le registre pour rendre le tirage presque nul pendant la nuit : le feu ainsi préparé est *dormant*.

Avec un peu d'habitude, on arrive à la fin de la journée avec une pression d'une ou deux atmosphères au plus.

Si l'on doit chômer le lendemain, on ne couvre pas le feu ; il faut alors cesser de charger à la fin de la journée et marcher en diminuant progressivement la chaleur, afin de n'avoir que très peu de charbon à jeter hors du foyer.

I

Des règles à suivre dans le chauffage des chaudières au point de vue de la sécurité.

Dans tout établissement *où l'on emploie la vapeur d'eau comme force motrice ou à tout autre usage*, c'est de l'homme qui est préposé à la production de cette vapeur, du *chauffeur*, en un mot, que dépend principalement la sécurité des personnes et des choses qui se trouvent dans le voisinage immédiat de la chaudière.

Quelles sont les règles que doit observer le chauffeur, quels sont les moyens dont il dispose pour prévoir et empêcher les accidents ? Notre but est de les présenter dans les lignes qui vont suivre, sous une forme purement pratique et à la portée de tous les travailleurs de cette catégorie.

1. D. *A quoi peuvent se résumer les précautions que le chauffeur ne doit jamais négliger, s'il veut éviter les accidents ?*

R. Pour le chauffeur, ces précautions se bornent, en termes généraux, à la stricte observation des trois prescriptions suivantes :

1° Maintenir constamment à une hauteur convenable le niveau de l'eau dans la chaudière. Eviter, comme inutile ou même plus ou moins nuisible, qu'il n'y ait trop d'eau, mais *veiller surtout à ce qu'il n'y en ait jamais trop peu.*

2° Ne jamais laisser la pression de la vapeur s'élever au-dessus des limites qui lui ont été assignées.

3° Nettoyer la chaudière assez souvent et assez soigneusement pour que des dépôts boueux et surtout des incrustations de quelque épaisseur ne puissent jamais y exister.

S'assurer enfin fréquemment que toutes les parties de l'appareil confié à sa garde n'ont rien perdu des conditions de solidité et de bon fonctionnement dans lesquelles il avait été construit.

2. D. *Quelle est celle de ces précautions qui peut être regardée comme la plus importante ?*

R. C'est la première, c'est-à-dire celle qui concerne le niveau de l'eau, parce que sa non-observation est la cause la plus fréquente des explosions et que celles qui se produisent dans ces circonstances sont généralement aussi les plus terribles.

3. D. *A quelle hauteur l'eau doit-elle être maintenue dans une chaudière ?*

R. A une hauteur telle que son niveau soit toujours de 10 à 12 centimètres plus élevé que le sommet des carneaux de chauffe ou que le ciel du foyer dans les chaudières à foyer intérieur, de façon que jamais aucune partie de la chaudière en contact avec la flamme ou avec l'air chaud ne puisse se trouver hors de l'eau.

Le point correspondant à cette hauteur doit être indiqué d'une manière bien visible sur le devant de la chaudière.

4. D. *Donnez la raison de cette prescription.*

R. C'est parce que les tôles qui se trouveraient d'un côté en contact avec les produits du foyer, sans être refroidies de l'autre par le contact de l'eau, seraient exposées à se brûler et pourraient même devenir *rou-*

ges de feu; — il faut donc laisser au niveau de l'eau une certaine marge dans laquelle il puisse jouer sans inconvénient, afin de donner au chauffeur le temps de prendre les mesures nécessitées par les circonstances.

5. D. *Quels sont les inconvénients ou les dangers que présente le fait d'une tôle brûlée ou devenue rouge de feu ?*

R. Ils sont faciles à comprendre. Chacun sait, en effet, que le fer ou le cuivre échauffé ou brûlé par l'action répétée de chauffes et de refroidissements successifs perd une notable *partie* de sa résistance. Cet effet pourrait atteindre le point où la tôle se romprait, même sous la pression ordinaire à laquelle travaille la chaudière.

Mais il y a plus : si une tôle était chauffée assez fort pour devenir *rouge de feu,* le danger d'une explosion deviendrait imminent. En effet, si par suite de l'alimentation intempestive de la chaudière ou pour une autre raison, l'eau revenait en contact avec cette tôle, il se produirait subitement une telle abondance de vapeur que les soupapes ne seraient plus assez larges pour lui livrer passage; la pression s'accroîtrait hors de toute mesure, et il y aurait beaucoup de chances pour que la chaudière éclatât.

6. D. *Comment constate-t-on le niveau de l'eau dans une chaudière ?*

R. A l'aide du tube indicateur en verre, des robinets de jauge ou du flotteur (avec ou sans sifflet d'alarme).

7. D. *Quel est le meilleur de ces appareils, celui qui mérite le plus de confiance ?*

R. C'est le tube indicateur en verre. La disposition la plus recommandable est celle qui évite les projections d'eau chaude et de vapeur qui se produisent avec les tubes indicateurs ordinaires, quand le verre vient à casser.

8. D. *Comment s'assure-t-on que cet appareil fonctionne régulièrement ? Quelles sont les précautions à prendre pour le tenir en bon état ?*

R. Il faut observer d'abord si l'eau monte et descend librement dans le tube de verre et ensuite, à l'aide du petit robinet d'épreuve qui y est adapté, s'il n'existe aucune obstruction dans les divers passages. Lorsque les robinets à vapeur et à eau sont fermés et que le petit robinet d'épreuve est ouvert, il doit donner alternativement issue à la vapeur et à l'eau, selon qu'on ouvre l'un ou l'autre des deux premiers.

S'il n'en est pas ainsi, c'est un signe d'obstruction dans l'un des conduits, et il faut immédiatement y porter remède à l'aide d'un morceau de fil de fer convenablement recourbé.

Le chauffeur doit, en outre, entretenir la translucidité du tube de verre, qui s'encrasse plus ou moins vite.

9. D. *Comment reconnaît-on à l'aide des robinets de jauge que le niveau d'eau est convenable ?*

R. Quand celui-ci se trouve entre les deux, c'est-à-dire quand, en les ouvrant alternativement, celui d'en haut donne passage à de la vapeur, tandis que celui d'en bas laisse échapper de l'eau.

10. D. *De quelle façon le chauffeur doit-il procéder à cette épreuve ?*

R. Il doit la renouveler à plusieurs reprises, après de courtes pauses, et comme il est souvent difficile de constater que c'est de l'eau et non de la vapeur qui s'échappe par le robinet inférieur (surtout quand la chaudière travaille sous une forte pression), il faut diriger le jet qui s'en échappe contre un mur ou contre une planche. La distinction est alors facile à faire.

11. D. *Comment maintient-on les robinets de jauge en bon état ?*

R. En les faisant fonctionner souvent pour éviter les obstructions et en veillant à ce qu'ils restent parfaitement étanches. S'ils se bouchent, on y remédie aussitôt en y passant un fil de fer.

12. D. *Comment reconnaît-on que le flotteur fonctionne bien ? Comment le tient-on en bon état ?*

R. Le flotteur devant suivre exactement les mouvements de l'eau dans la chaudière, sa mobilité est un des signes les plus sûrs de son bon fonctionnement. — Quand il reste trop immobile, c'est, en général, que le bourrage est trop serré ; — il est alors plus nuisible qu'utile, car il pourrait induire en erreur le chauffeur qui se fierait à ses indications.

Pour le tenir en bon état, il importe donc surtout de soigner convenablement le bourrage pour qu'il ne soit ni trop ni trop peu serré, et de remplacer la tige qui traverse celui-ci chaque fois que l'usage en a altéré le calibre ou qu'elle n'est plus bien droite.

13. D. *Comment le chauffeur entretient-il le niveau de l'eau à la hauteur voulue ?*

R. En ayant soin d'alimenter aussitôt qu'il s'aperçoit que le niveau approche de la limite inférieure qui lui a été tracée. Il doit aussi s'assurer chaque fois que l'appareil d'alimentation (pompe, bassin supérieur, Giffard, etc.) donne non seulement de l'eau, mais qu'il en donne assez pour remplacer celle qui s'en va par la vaporisation.

14. D. *Comment voit-on que la pompe alimentaire donne de l'eau et qu'elle en donne assez ?*

R. Sur la tubulure de refoulement de cette pompe se trouve placé un robinet d'essai ; si l'eau sort par ce robinet ouvert par intermittence en suivant les coups du piston plongeur, c'est que la pompe donne de l'eau.

Pour savoir ensuite si elle en donne assez, il faut que le chauffeur observe attentivement pendant quelque temps la hauteur de l'eau par le tube indicateur, le flotteur, etc. : si cette hauteur continue à diminuer malgré l'alimentation, c'est évidemment la preuve que celle-ci est insuffisante et il faudra rechercher, sans perdre de temps, quelle en est la cause, si elle réside dans un défaut de l'appareil alimentaire ou dans une fuite cachée qui se serait subitement déclarée à la chaudière.

15. D. *Que doit faire le chauffeur dans le cas où le niveau dans la chaudière serait descendu en dessous de la limite inférieure qu'il ne devait pas dépasser ?*

R. Si le mal n'a pas pris encore trop de développement, c'est-à-dire si la différence de niveau n'est que de 5 à 6 centimètres au plus, le chauffeur devra immédiatement modérer l'activité de son feu et sa dépense de vapeur en fermant le registre de la cheminée et en jetant sur la grille du combustible frais : il se hâtera en même temps de faire fonctionner l'appareil alimentaire.

Mais dans le cas où le niveau est tombé déjà à 10 ou 12 centimètres en dessous de cette limite, où par conséquent il y aurait lieu de supposer que certaines parties de la surface de chauffe se trouveraient hors de l'eau, *le chauffeur devra bien se garder d'alimenter la chaudière,* et il faudra, sans perdre un instant, qu'il fasse tomber le feu de la grille et qu'il laisse refroidir tout l'appareil, soit lentement, en fermant le registre de la cheminée et les portes du foyer, soit même plus rapidement, en ouvrant, au contraire, ces diverses ouvertures, pour provoquer à travers les carneaux de chauffe un violent courant d'air froid. Cette dernière manœuvre, étant plus ou moins nuisible à la chaudière à cause du refroidissement brusque qu'elle provoque, ne devra être employée qu'à la dernière extrémité.

16. D. *Quelle est la manœuvre qui pourrait, dans l'occurrence, présenter presque autant de danger que l'alimentation ?*

R. C'est l'ouverture trop brusque des issues qui donnent passage à la vapeur, à savoir : les soupapes de sûreté et les tuyaux qui conduisent la vapeur à la machine.

17. D. *Expliquez pourquoi l'alimentation ou l'ouverture des soupapes, etc., serait si dangereuse.*

R. Parce que, dans un cas comme dans l'autre, l'eau serait amenée en contact avec des tôles surchauffées, devenues même peut-être *rouges de feu.* L'ouverture des soupapes, en diminuant tout à coup la pression, provoque en effet une ébullition par soubresauts, tumultueuse, qui projette une partie de liquide au-dessus du niveau qu'il marquerait au repos.

18. D. *Quelles sont les précautions que le chauffeur doit observer relativement aux soupapes de sûreté ?*

R. Ces appareils doivent fermer hermétiquement, sans toutefois coller sur leurs sièges : ce dont le chauffeur doit s'assurer au moins une ou deux fois par jour en les soulevant légèrement. Si les soupapes laissent fuir de la vapeur, il devra y remédier en les rodant à l'émeri sur leurs sièges. Il va sans dire, d'ailleurs, que, dans aucune circonstance et sous aucun prétexte, il ne doit les surcharger ou les empêcher de fonctionner librement.

19. D. *Comment s'assure-t-on que le manomètre fonctionne bien?*

R. Cet appareil doit pour cela satisfaire aux conditions suivantes :

1° Marquer zéro quand la chaudière est sans vapeur;

2° Marquer le maximum de pression permise, en même temps que les soupapes, dont la charge a été calculée proportionnellement à cette pression, commencent à se lever;

3° Enfin les mouvements du mercure dans les manomètres métalliques et les mouvements du mercure dans les manomètres à air libre ou à air comprimé doivent être bien réguliers et bien visibles, c'est-à-dire que si le manomètre est à flotteur, celui-ci doit jouer librement dans le tube, ce dont le chauffeur s'assure en soulevant fréquemment le flotteur attaché à l'extrémité de la ficelle qui porte l'aiguille indicatrice et en le laissant retomber.

Les manomètres métalliques doivent être, de temps à autre, contrôlés avec un manomètre-étalon.

Et si le manomètre est à tube de verre, celui-ci doit être tenu bien propre, bien translucide. Quand il est difficile à décrasser par les moyens ordinaires, un peu de vinaigre pour humecter le goupillon de la baguette à nettoyer est d'un très bon emploi.

20. D. *Comment le chauffeur prévient-il une trop forte élévation de la pression?*

R. En ayant soin de modérer son feu quelque temps déjà avant que le manomètre n'indique le maximum autorisé.

21. D. *Que doit-il faire quand la pression menace de devenir ou est déjà devenue trop forte?*

R. Il doit modérer le tirage et charger son feu de charbon frais.

Si ces mesures sont insuffisantes, il peut amener un excès d'air froid dans le foyer en ouvrant les portes de chargement ou même tirer son feu en tout ou en partie.

De plus, si le niveau de l'eau le permet (voir 13-15), il faut alimenter avec de l'eau froide.

Mais si le niveau était, en même temps que la pression s'élève, descendu en dessous des limites où il commence à y avoir du danger, le chauffeur devrait bien se garder, comme nous l'avons déjà dit en répondant aux questions nᵒˢ 15, 16, 17, d'envoyer la moindre quantité d'eau dans la chaudière.

22. D. *Quand le chauffeur doit-il procéder au nettoyage de la chaudière?*

R. On ne peut rien préciser, à *priori*, relativement au temps qui doit s'écouler entre deux nettoyages; il peut être plus ou moins long, suivant le genre de chaudière auquel on a affaire et suivant la nature des eaux qui servent à l'alimentation; l'expérience seule sert de règle en cette matière. Le nettoyage étant, par lui-même, une cause de dépense, il ne faut pas en abuser; mais il ne faut pas oublier non plus que la vaporisation est moins active et plus coûteuse dans une chaudière sale que dans une chaudière dont les parois sont bien propres et que, de plus, avec *des eaux incrustantes*, il y aurait danger à nettoyer trop rarement.

23. D. *Qu'est-ce que les eaux incrustantes? En quoi sont-elles une cause de danger ?*

R. Les eaux incrustantes sont celles qui contiennent

certaines substances que l'ébullition en sépare et qui forment sur les parois de la chaudière des croûtes plus ou moins adhérentes et dures.

Elles sont une cause de danger en ce sens que, si on leur laisse prendre trop d'épaisseur, les portions de tôle ou les tubes (dans les chaudières tubulaires) qu'elles recouvrent, exposées d'un côté à l'action directe de la chaleur et préservées de l'autre contre l'action réfrigérante de l'eau, s'altèrent plus ou moins vite, de la même façon que les parties de la surface de chauffe qui se trouveraient au-dessus du niveau de l'eau. Ces portions de tôle peuvent même être portées au rouge, et l'on conçoit que si, dans ce dernier cas surtout, l'incrustation venait à se détacher (ce qui arrive quelquefois), les phénomènes que nous avons décrits au n° 5 se produiraient, et une explosion serait à peu près inévitable.

24. D. *De quelle façon le chauffeur doit-il procéder au nettoyage de sa chaudière ?*

R. Il doit veiller soigneusement à ce que les eaux boueuses et les boues soient enlevées.

Faire battre (adroitement) au marteau les incrustations partout où il s'en trouve, de manière à bien les détacher sans altérer cependant la tôle par le choc trop violent des outils, et balayer au dehors les dernières parcelles de croûtes ; une pratique recommandée par l'expérience consiste, après chaque nettoyage, à enduire intérieurement la chaudière de goudron de houille ou de plombagine délayée dans de l'eau. D'autres moyens analogues peuvent être employés avec succès dans le même but : il existe enfin contre les incrustations une foule de préservatifs plus ou moins efficaces qui, agissant par voie de double décomposition chimique, sont du ressort de l'ingénieur.

Il doit visiter attentivement les petits conduits qui communiquent au manomètre, au tube indicateur du niveau, aux robinets de jauge, etc., et enfin procéder à une inspection minutieuse de toutes les parties de la chaudière tant à l'intérieur qu'à l'extérieur et, si possible, dans le foyer et les carneaux de chauffe. Il devra donc débarrasser parfaitement ces derniers de la poussière et des cendres qui s'y accumulent plus ou moins rapidement.

Le chauffeur doit s'assurer notamment qu'il n'y a pas de fuite de vapeur ou d'eau; pas de tôles présentant des soufflures, des doublures ou des amincissements compromettants pour leur résistance. A ce dernier point de vue, le son qu'elles rendent sous le choc du marteau, et, au besoin, un trou foré aux endroits douteux seront des moyens de contrôle suffisants et qu'il importe de ne pas négliger pendant trop longtemps.

25. D. *Pourquoi doit-on éviter aussi soigneusement les fuites ?*

R. Parce qu'on a observé qu'aux endroits où elles se produisent, les parois de la chaudière subissent une altération, un amincissement plus ou moins rapides; à l'action mécanique du courant de vapeur ou d'eau qui s'en échappe vient se joindre, en effet, l'action oxydante, bien autrement active, de l'humidité sur le métal exposé en même temps à l'air et à la chaleur.

26. D. *Dites-nous enfin quelles sont les principales précautions à prendre à chaque mise à feu d'une chaudière.*

R. 1° Il faut d'abord s'assurer que le curage a été bien fait et qu'aucun objet ne reste oublié dans la chaudière.

2° Procéder au remplissage et constater soigneusement, avant de mettre à feu, que la quantité d'eau introduite est plus que suffisante : le niveau doit dépasser de 10 à 15 centimètres la hauteur à laquelle on le maintiendra quand la chaudière sera en marche.

3° On allume ensuite le feu, et, pendant que l'eau s'échauffe, on visite tous les joints pour voir s'ils ferment convenablement et les soupapes restent ouvertes jusqu'à ce que tout soit en ordre.

4° On doit, aussitôt que possible, s'assurer que les moyens d'alimentation sont en état de fonctionner régulièrement.

5° On constate enfin l'efficacité de tous les appareils destinés à marquer la hauteur de l'eau ; on observe la marche du manomètre, et on fait jouer le registre de la cheminée pour voir si la chaleur ne l'a pas fait serrer dans son cadre.

27. D. *Relativement au niveau de l'eau, que remarque-t-on quand la chaleur commence à se faire sentir ?*

R. Le tube indicateur en verre, le flotteur, etc., semblent accuser une élévation du niveau, bien qu'on n'ait pas encore commencé à alimenter.

Ce phénomène est dû au gonflement de l'eau, qui occupe plus de place quand elle est chaude que quand elle est froide. Si le niveau ne montait pas dans cette circonstance, c'est qu'il y aurait une fuite à la chaudière.

Nous noterons ici, pour mémoire, qu'on observe également un gonflement de l'eau chaque fois qu'on ouvre les issues par où la vapeur sort de la chaudière pour se rendre aux points où elle doit travailler.

II

Conduite des machines à vapeur.

Nous examinerons la mise en train des machines à vapeur en général et leur conduite pendant la marche, les conditions dans lesquelles doivent se trouver les principaux organes, l'arrêt des machines et enfin les particularités que présentent quelques machines spéciales.

Avant d'aborder cette étude, disons ce que l'on entend par :

Machine à pleine pression ;

Machine à détente ou expansion ;

Machine à condensation avec ou sans détente,

et décrivons les organes de l'expansion et de la condensation.

1. D. *Qu'entend-on par machine à pleine pression ?*

R. C'est une variété de machines où la vapeur est admise dans le cylindre, pendant toute la durée de la course du piston.

Il y a ainsi une pression uniforme de la vapeur sur le piston, et c'est pour cette raison que ce genre de machine est nommé machine à pleine pression. On observera qu'après une course du piston, la vapeur perdue par la décharge est encore susceptible d'un grand travail.

2. D. *Qu'entend-on par machine à détente ou expansion ?*

R. Dans ces machines, la vapeur n'entre pas dans le cylindre pendant tout le temps de la durée de la course du piston, comme dans les machines à pleine pression.

La vapeur entre seulement pendant une partie de la durée de cette course ; la quantité de vapeur admise est limitée par un tiroir ou une soupape, qui ferme, à un moment donné, l'orifice d'arrivée de vapeur au cylindre.

Lorsque la fermeture a lieu, la vapeur qui est enfermée dans le cylindre continue à presser sur le piston par sa force expansive ; le piston avance ; la vapeur occupe à chaque instant, dans le cylindre, un plus grand volume, et sa pression décroît constamment.

Lorsque le piston est arrivé à la fin de sa course, la pression de la vapeur dans le cylindre est inférieure à celle qu'elle possédait à son arrivée, et cette pression est d'autant plus faible que la détente aura été plus grande ou que l'admission de vapeur aura été plus petite, eu égard à la longueur de la course.

La vapeur qui se dégagera par la décharge, après chaque coup de piston, aura donc, dans les machines à détente, une faible pression ; on lui aura retiré une grande partie de sa force, et, par conséquent, on aura mieux utilisé le travail qu'elle peut céder.

3. D. *Qu'entend-on par machine à condensation ?*

R. La machine à condensation est munie d'un condenseur ; elle peut être à pleine pression ou à détente.

Ce condenseur est un appareil qui condense la vapeur de décharge au moyen d'eau froide, au lieu de la laisser se dégager à l'air.

4. D. *Décrivez un condenseur et la manière dont il fonctionne.*

R. Le condenseur le plus généralement employé est un appareil composé de deux parties spéciales : le réservoir, appelé condenseur ; la pompe à simple ou à double effet, appelée pompe à air.

L'appareil complet fonctionne de la manière suivante :

La vapeur de décharge arrive dans le condenseur, où une pluie d'eau la condense ; il se forme de l'eau chaude, qui est continuellement enlevée par la pompe à air. La quantité d'eau qui arrive dans le condenseur est réglée par un robinet, nommé robinet d'injection.

5. D. *Pourquoi la pompe qui aspire l'eau chaude est-elle nommée pompe à air ?*

R. Parce que cette pompe est destinée non seulement à enlever l'eau du condenseur, mais aussi l'air, les gaz ; enfin, elle a pour effet de maintenir un vide plus ou moins parfait dans le condenseur.

6. D. *Quel est l'effet de la condensation ?*

R. La condensation de la vapeur de décharge par de l'eau froide détermine le vide dans le condenseur ; la pompe à air maintient ce vide.

Le condenseur étant toujours en communication avec la partie du cylindre où la décharge a lieu, le vide du condenseur se propage dans le tuyau de décharge et dans le cylindre.

La contre-pression se trouve donc diminuée lors de la décharge de la vapeur, puisque cette décharge a lieu dans le vide, et non sous l'action de la pression atmosphérique, comme dans les machines sans condensation. En diminuant la contre-pression, on diminue les résistances nuisibles au mouvement de la machine ; on augmente le travail qu'elle peut développer, sans augmenter la consommation de vapeur. Il y a donc économie de combustible en employant la condensation.

7. D. *Quelle est la machine qui exige la plus faible consommation de charbon, et donnez les motifs à l'appui de votre choix.*

R. La machine la plus économique, sous le rapport de la consommation de combustible, est la machine à grande détente et condensation, parce que la grande détente permet de retirer de la vapeur presque toute sa force expansive et parce que la condensation, en produisant le vide du côté du piston opposé à celui qui reçoit la pression de la vapeur, détruit en grande partie la contre-pression et supprime ainsi une résistance. La machine à grande expansion n'est pas aussi économique que celle à expansion et condensation, mais elle est encore infiniment préférable à la machine à pleine pression, qui perd, dans l'atmosphère, de la vapeur douée d'une grande force et capable de produire encore un grand travail.

8. D. *Pourquoi les machines à grande détente et condensation ne sont-elles pas toujours employées?*

R. Parce qu'il faut beaucoup d'eau pour la condensation et qu'on est quelquefois obligé d'installer des machines dans les localités où il y a peu d'eau ; parce qu'elles coûtent plus cher que les autres machines ; parce qu'on doit quelquefois employer la décharge pour produire un tirage ou pour tout autre usage ; parce qu'enfin on ne rencontre pas toujours des machinistes capables de les conduire parfaitement.

9. D. *Quel degré de détente le machiniste doit-il donner à la machine qu'il conduit ?*

R. Le plus grand degré de détente possible, pour autant qu'il continue à constater une économie de combustible.

10. D. *Comment reconnaîtra-t-on que le degré de détente donné à une machine à vapeur ne sera pas assez grand?*

R. C'est lorsque, la machine accélérant son mouvement, on sera obligé de fermer en partie le modérateur en marche régulière ; dans ce cas, c'est qu'il vient trop de vapeur au cylindre ; alors il est plus économique de faire retirer de la vapeur au moyen du tiroir ou de la soupape d'expansion qu'au moyen du modérateur.

11. D. *Énoncez les différents systèmes d'expansion les plus généralement employés.*

R. 1° L'expansion par recouvrement au tiroir de distribution ;

2° L'expansion produite par deux tiroirs superposés, conduits chacun par un excentrique ;

3° L'expansion, dite Meyer, qui s'obtient aussi par des tiroirs superposés conduits par des excentriques, mais dont le tiroir d'expansion est en deux parties mobiles à volonté ;

4° L'expansion dite Farcot ;

5° L'expansion produite par la manœuvre des soupapes ;

6° L'expansion obtenue en variant la course du tiroir au moyen d'une coulisse Stephenson ou d'une coulisse de Gooch ;

7° L'expansion Walschaerts.

12. D. *Décrivez l'expansion produite par un recouvrement au tiroir de distribution.*

R. (Fig. 1, ci-après.) Pour obtenir l'expansion par recouvrement, le tiroir est construit de telle façon que des parties *a, a* sont plus larges que la largeur des lumières. La différence qui existe entre la largeur *a* et la largeur d'une lumière se nomme le *recouvrement*.

On donne à l'excentrique une course égale à deux fois la largeur d'une lumière, et on y ajoute la largeur du recouvrement, afin que les lumières puissent être entièrement découvertes pour l'arrivée de vapeur.

Par cette disposition, lors de la manœuvre du tiroir,

il existe une certaine position, pour chaque course
du tiroir, où la lumière qui admettait la vapeur au cylindre se trouve masquée entièrement par le bord du
tiroir. A ce moment, la vapeur qui vient de la chaudière ne peut plus être admise dans le cylindre, et la
vapeur qui se trouve renfermée dans le cylindre agit
par sa force expansive, en produisant la détente jusqu'à
la fin de la course du piston.

La détente a lieu pendant tout le temps du passage
du bord a du tiroir sur la lumière, jusqu'au moment où

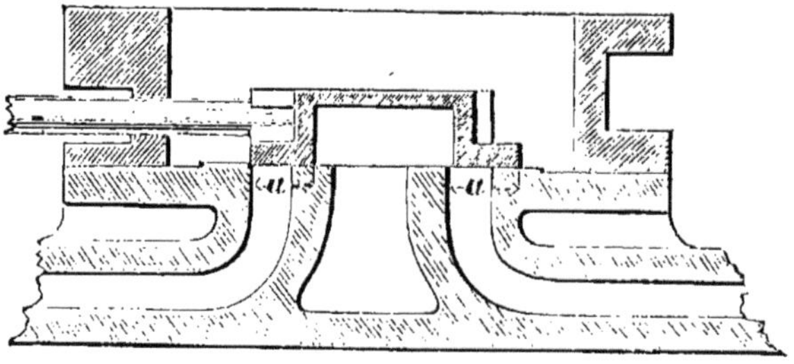

Fig. 1.

la lumière communique avec la décharge ; plus ce bord
sera large, ou, en d'autres termes, plus le recouvrement
sera grand, plus la détente sera grande. L'avance du
tiroir sera proportionnelle au recouvrement et à la vitesse du piston.

Cette disposition ne convient que pour de très petites
détentes. Si on voulait l'appliquer aux grandes expansions, on devrait donner de très grands recouvrements
au tiroir, agrandir par conséquent ce dernier dans des
proportions énormes ; de plus, la course de l'excentrique devrait aussi être considérablement augmentée,
ainsi que l'avance du tiroir.

On évite ces inconvénients par des dispositions plus convenables.

13. D. *Expliquez comment fonctionne l'expansion produite par deux tiroirs superposés, conduits chacun par un excentrique.*

R. Les deux tiroirs ont des fonctions spéciales : le premier, T, se nomme tiroir de distribution (fig. 2), le second, S, tiroir d'expansion.

Le tiroir de distribution introduit la vapeur des deux

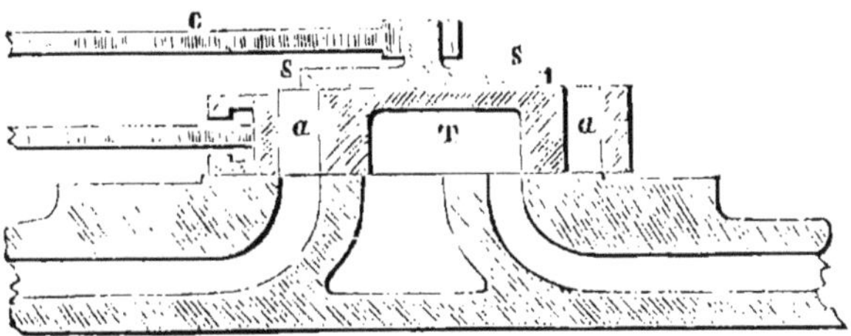

Fig. 2.

côtés du piston, sans avoir aucune action sur le degré d'expansion.

Il agit de telle sorte que, s'il fonctionnait seul, la machine marcherait à pleine pression.

La construction du tiroir de distribution, dans le cas de l'application du tiroir d'expansion, n'est pas tout à fait la même que celle qu'il affecterait s'il était destiné à une machine à pleine pression.

Le tiroir de distribution, représenté figure 2, est pourvu de deux lumières a, a.

Le tiroir d'expansion S est une simple plaque munie d'un bouton ; ce bouton sert à la relier à la tige d'excentrique c.

Examinons comment l'expansion peut se produire au moyen des deux tiroirs décrits.

Si on fixe les estomacs des excentriques, au moyen d'un calage, sur l'arbre de la machine, de telle façon qu'en amenant le tiroir de distribution à la fin d'une course le tiroir d'expansion ait déjà parcouru un certain chemin dans le sens du mouvement que va commencer le tiroir de distribution : dans ces conditions, le tiroir d'expansion aura une avance dans son mouvement sur le tiroir de distribution, et il viendra, à des moments donnés, fermer successivement les lumières a, a de l'autre tiroir.

Ces lumières seront masquées plus ou moins rapidement, suivant l'avance plus ou moins grande donnée au mouvement du tiroir d'expansion.

Lorsque les lumières seront fermées, l'expansion de la vapeur commencera dans le cylindre.

Il faut se garder de donner trop d'avance au tiroir d'expansion, parce que les lumières a, a pourraient s'ouvrir après avoir été un instant fermées, et avant que le piston soit parvenu à la fin de sa course ; alors, la vapeur rentrerait dans le cylindre, elle viendrait s'y mélanger avec la vapeur qui s'y détend et détruire l'effet de l'expansion.

La limite de l'avance à donner au tiroir d'expansion se déterminera par tâtonnement.

Il se conçoit qu'on peut varier la détente, non seulement au moyen d'une avance donnée au mouvement du tiroir d'expansion, mais encore en allongeant ce tiroir. C'est à ce moyen que l'on a recours pour obtenir les grandes expansions, qu'on ne pourrait établir par l'avance seule donnée au tiroir d'expansion.

14. D. *Comment fonctionne l'expansion produite par deux tiroirs superposés, dite expansion Meyer ?*

R. Cette expansion fonctionne exactement comme la précédente ; seulement le tiroir d'expansion est en deux pièces, et ces deux pièces peuvent s'écarter ou se rapprocher à volonté, dans le sens du mouvement des tiroirs.

On peut donc ainsi allonger ou raccourcir le tiroir d'expansion.

En allongeant ce tiroir, il fermera plus tôt les lumières du tiroir de distribution, et la détente sera augmentée ; en le raccourcissant, on obtiendrait l'effet inverse.

L'allongement et le raccourcissement du tiroir s'obtiennent au moyen d'une vis qui présente deux systèmes de filetage, c'est-à-dire un pas à droite et un pas à gauche.

Chacune des parties filetées commande un écrou fixé à chacune des deux parties du tiroir d'expansion.

En tournant la vis dans un sens ou dans l'autre, le tiroir s'allongera ou se raccourcira.

Pour la facilité et la simplicité dans la construction, c'est la tige même qui commande le tiroir qui est filetée ; cette tige passe au travers de la chapelle par la boîte à bourrage.

En agissant donc sur cette tige, en la faisant tourner dans un sens ou dans l'autre, on peut, pendant la marche de la machine, sans rien démonter ni arrêter, faire varier les dimensions des tiroirs d'expansion et obtenir ainsi différents degrés de détente.

15. D. *Qu'entendez-vous par l'expansion dite Farcot ?*

R. L'expansion Farcot est produite par deux tiroirs superposés.

Le tiroir de distribution T est commandé par un excentrique, il est pourvu de lumières comme celui de l'expansion Meyer.

Le tiroir d'expansion est aussi en deux parties S, S ; mais ces deux parties ne sont pas reliées entre elles, elles sont libres (fig. 3).

De plus, elles ne sont pas activées par un excentri-

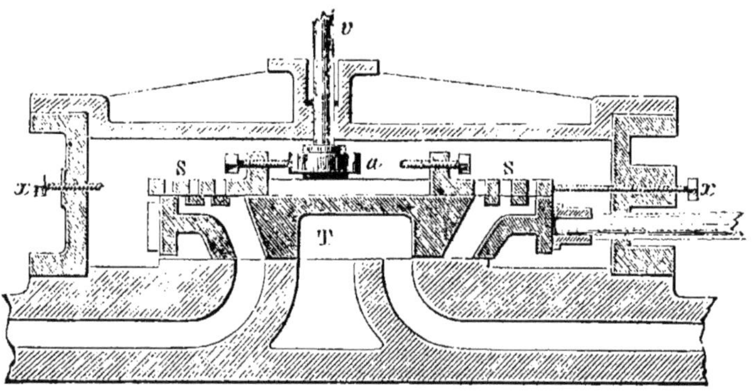

Fig. 3.

que, et leur mouvement se produit simplement par entraînement. Je m'explique :

Les deux parties du tiroir d'expansion sont en contact avec le tiroir de distribution ; la pression de la vapeur ou l'action de ressorts détermine une adhérence des deux tiroirs, adhérence qui suffit pour que le tiroir de distribution entraîne avec lui dans son mouvement les deux parties du tiroir d'expansion.

Cela posé, décrivons comment les deux parties du tiroir d'expansion, qui sont libres, peuvent fermer en un point donné les lumières du tiroir de distribution.

Pour obtenir ce résultat, il suffit d'arrêter, au moment convenable, la marche des tiroirs d'expansion. En effet, le tiroir de distribution, en continuant sa course, viendra nécessairement fermer ses lumières en les masquant sous les parties pleines du tiroir d'expansion. A ce moment, la vapeur n'entrant plus dans le cylindre, l'expansion commencera.

En variant la position du point d'arrêt, on comprend qu'on variera le degré d'expansion.

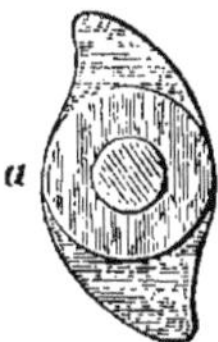

Pour arriver à varier la position du point d'arrêt, pendant la marche de la machine, on a imaginé de placer une came a (fig. 4) entre les deux tiroirs d'expansion S, S (fig. 3) ; si l'on incline plus ou moins fortement la came, elle arrêtera plus ou moins vite les deux parties du tiroir

Fig. 4.

d'expansion.

Cette came est fixée sur une tige v qui traverse une boîte à bourrage venue de fonte avec le couvercle de la chapelle. En manœuvrant la tige, on varie les positions de la came, et on modifie le degré d'expansion pendant la marche de la machine. En général, le régulateur agit sur la tige v au lieu de commander une valve ; cette disposition a l'avantage de donner toujours à la machine la plus grande expansion possible, eu égard au travail qu'elle doit effectuer.

Des vis, taraudées dans des douilles fixées aux deux parties des tiroirs d'expansion, servent à régler convenablement l'expansion.

Nous avons vu comment on pouvait produire la fermeture des lumières du tiroir de distribution et amener ainsi la détente de la vapeur dans le cylindre ; examinons maintenant comment ces lumières peuvent s'ouvrir et permettre l'entrée de la vapeur aux points morts.

Remarquons que les lumières du tiroir de distribution se sont fermées en arrêtant dans un sens les deux parties du tiroir d'expansion; on pourra ouvrir ces lumières en arrêtant en sens contraire les deux parties du tiroir d'expansion.

En établissant donc convenablement des points d'arrêt, on ouvrira de nouveau les lumières qui permettront l'admission de vapeur au cylindre.

Remarquons de plus que ces points d'arrêt pour l'entrée de la vapeur au cylindre ne doivent pas être mobiles. Cette entrée de vapeur doit toujours se produire au même moment, c'est-à-dire au commencement de chaque pulsation du piston. Nous en conclurons donc que les points d'arrêt, qui doivent provoquer l'ouverture des lumières du tiroir de distribution au commencement de chaque course du piston, doivent être des points fixes et non variables comme ceux qui déterminent les différents degrés d'expansion.

Ces points d'arrêt sont représentés dans la figure 3 par les vis x taraudées dans les parois de la chapelle. Ces vis pourraient être taraudées dans des douilles fixées à l'intérieur de la chapelle. On observera que les lumières du tiroir de distribution se bifurquent en trois branches, et forment chacune trois ouvertures correspondant à trois ouvertures pratiquées dans les deux parties du tiroir d'expansion. Cette disposition a pour but d'ouvrir et de fermer plus rapidement les lumières du tiroir de distribution.

Les lumières s'ouvrent plus vite, attendu qu'on ouvre trois lumières à la fois, et pour un déplacement de

1 millimètre du tiroir de distribution, on a trois tiroirs de 1 millimètre ou, en somme, 3 millimètres découverts. Les lumières se ferment aussi plus vite, parce que, chaque petite lumière ayant le tiers de la largeur de la lumière correspondant à celle du cylindre, il faudra un petit déplacement du tiroir de distribution pour amener la fermeture de chacune des petites lumières.

Plus les lumières seront petites et en grand nombre, plus leur fermeture pourra être opérée rapidement.

16. D. *Décrivez l'expansion produite par un jeu des soupapes remplaçant l'action des tiroirs.*

R. On conçoit que, pour produire l'admission de vapeur des deux côtés du piston, puis l'interruption à un moment donné de cette admission de vapeur, et enfin la décharge de la vapeur qui a agi, on puisse employer d'autres organes que les tiroirs ; les valves, les soupapes, les robinets, etc., pourraient être utilisés. L'expérience a démontré que les meilleurs résultats sont obtenus par les tiroirs et les soupapes ; les autres modes de distribution de vapeur ont été condamnés.

La distribution par des soupapes trouve son application dans les très puissantes machines ; les soupapes sont alors employées de préférence aux tiroirs, parce qu'elles offrent relativement peu de résistance au mouvement, parce qu'elles présentent un grand passage à la vapeur pour un petit déplacement. Pour une distribution de ce genre, il faut quatre soupapes ; deux d'entre elles servent respectivement à admettre la vapeur de chaque côté du piston, les deux autres à permettre la décharge de la vapeur qui a produit son effet. Les soupapes se divisent donc en soupapes d'admission et en soupapes de décharge.

Elles sont manœuvrées par des cames, qui les ouvrent et les ferment à des moments donnés.

Les soupapes d'admission restent ouvertes pendant un temps plus ou moins long, suivant la forme des cames; on peut donc, avec des formes convenables, admettre plus ou moins de vapeur au cylindre et obtenir des expansions plus ou moins grandes.

La distribution par soupapes nécessite une assez grande complication, qui ne trouve sa raison d'être que dans les grandes machines, où l'avantage produit par les soupapes surpasse les inconvénients de la multiplicité des organes. Ajoutons que, dans la distribution à soupapes, telle qu'elle vient d'être décrite, on ne varie pas facilement l'expansion pendant la marche de la machine.

Il existe un système mixte souvent employé : il consiste à produire la distribution de vapeur au moyen d'un tiroir et l'expansion au moyen d'une soupape. Cette soupape est commandée par une came ; cette came peut être fixe ou mobile ; dans ce dernier cas, elle a une forme particulière qui lui permet, suivant ses différentes positions, de prolonger pendant un temps plus ou moins long l'entrée de la vapeur dans la chapelle et de varier ainsi l'expansion.

La came peut être mue, pendant la marche de la machine, soit par la main du machiniste, soit par l'action du régulateur.

Cette dernière disposition est la meilleure, parce qu'alors la machine fonctionne toujours à la plus grande détente possible.

17. D. *Décrivez la distribution produite par les coulisses Stephenson, Gooch et Walschaert.*

R. On sait que la distribution de vapeur d'une machine est réglée par un tiroir, ou glissière, conduit par un excentrique calé sur l'arbre de la manivelle et à peu près d'équerre avec celle-ci.

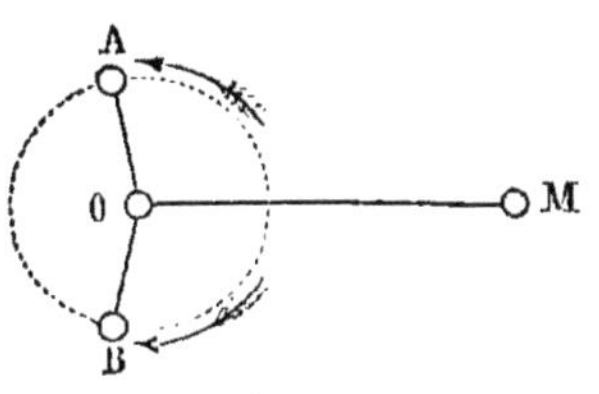

Fig. 5.

Le centre de la poulie excentrique est environ 1/4 de tour *en avant* du centre du bouton de la manivelle dans le sens de la marche.

Si oM (fig. 5) est la position de la manivelle et qu'on ait calé un excentrique dans la direction oA, il commandera une marche dans le sens de la flèche A.

Si l'excentrique a la direction oB, la machine marchera en sens inverse (flèche B).

Dans la plupart des machines à changement de marche, on a deux excentriques (fig. 6, 7 et 8) : l'un en A, l'autre en B. L'un sert pour la marche en avant, l'autre pour la marche en arrière. En réunissant les extrémités C et D des deux barres d'excentrique *par une coulisse* CD, dans laquelle on pourra faire glisser d'un bout à l'autre un *coulisseau* E relié à la *tige de glissière* F, on pourra à volonté faire agir sur la *glissière* G l'un ou l'autre excentrique, et par conséquent faire marcher la machine dans un sens ou dans l'autre.

Quelquefois (fig. 6) *un arbre de relevage* H, manœuvré au moyen d'un *levier de changement de marche* I, permet de soulever ou d'abaisser la coulisse tout entière. La tige de glissière portant le coulisseau est alors guidée en K.

C'est la disposition de la *coulisse de Stephenson*, qui a alors la forme d'un arc de cercle dont le centre est du côté de l'arbre.

D'autres fois (fig. 8) la coulisse oscille autour d'un
point fixe Q auquel elle est reliée par une *bielle de sus-*

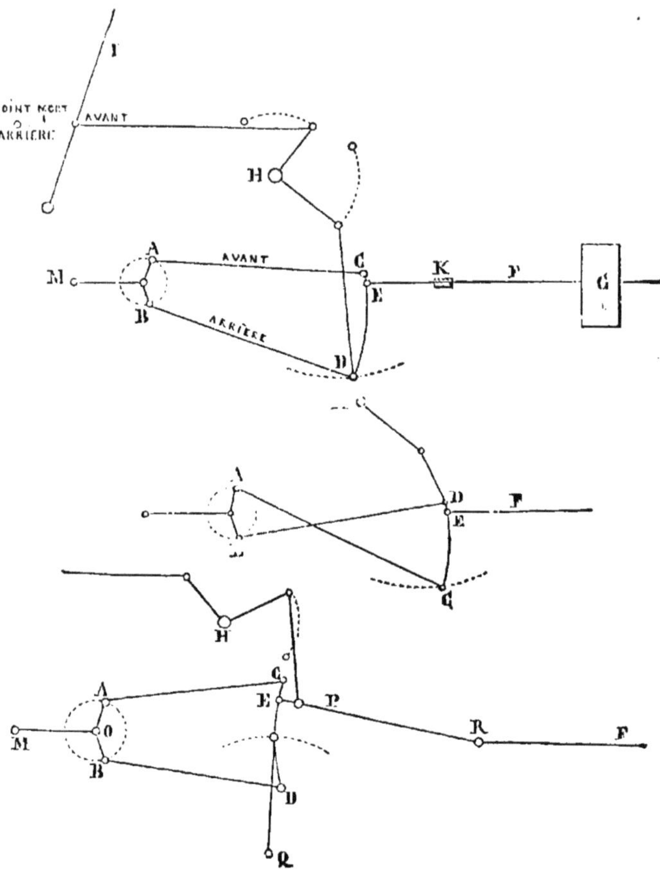

Fig. 6, 7 et 8.

pension, et le relevage agit sur une bielle E portant le
coulisseau E et articulée en R à la tige du tiroir.

C'est la disposition de la *coulisse de Gooch*. Dans ce cas, elle a la forme d'un arc de cercle dont le sens se trouve vers le tiroir. C'est donc la coulisse de Stephenson *renversée*. On la nomme aussi *coulisse fixe*.

On peut donc toujours déplacer le coulisseau d'un bout à l'autre de la coulisse, c'est-à-dire lui faire prendre des mouvements en sens inverse. Lorsqu'il est au milieu, si les excentriques n'avaient pas d'avance au calage, le coulisseau n'aurait aucun mouvement.

C'est ce qui arrive dans la *distribution Walschaert*, où l'on n'a plus qu'un seul excentrique A (fig. 9), calé

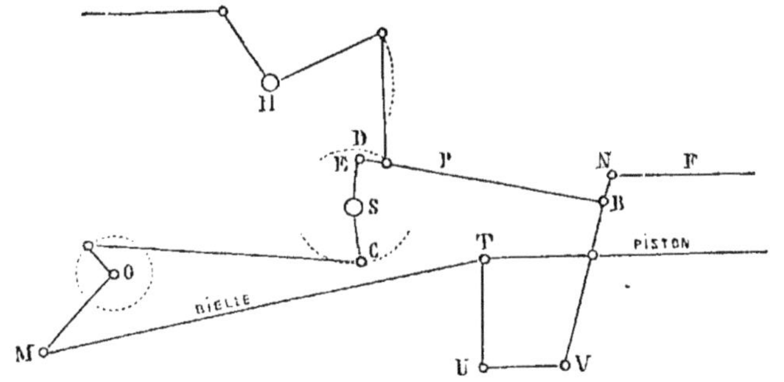

Fig. 9.

sans avance, c'est-à-dire à angle droit avec la manivelle **M**, et attaquant l'extrémité C de la coulisse.

Celle-ci oscillant autour de son centre fixe S, aura évidemment un mouvement inverse à son extrémité D, et l'on pourra, par conséquent, en relevant la bielle F du tiroir, renverser le mouvement.

L'avance est ici donnée par le piston lui-même dont la crossette T porte une pièce fixe TU, reliée par une petite bielle UV au *levier d'avance* VBN.

Le point V se meut comme le piston, le point B

comme le coulisseau, et le point N commande la tige de glissière F.

Si le coulisseau était en S au point mort, le point B serait fixe et le point N décrirait une course égale à celle du piston, réduite dans le rapport des leviers BN et BV. Cette course doit être égale à deux fois le recouvrement plus deux fois l'avance.

L'avance, dans cette distribution, étant indépendante de la coulisse, sera constante pour toutes les positions du coulisseau et du levier de changement de marche.

C'est à quoi l'on arrive encore, dans la coulisse de Gooch (fig. 9), au moyen d'un mécanisme plus compliqué, et ce à quoi l'on n'arrive jamais avec la coulisse de Stephenson (fig. 6 et 7), où la courbure de celle-ci modifie l'avance si l'on change la position du coulisseau.

18. D. *Comment obtient-on la détente par les coulisses ?*

R. Dans les trois cas que nous venons d'examiner, la course de glissière est, pour la position milieu du coulisseau (ou lorsque le levier est au point mort), deux fois l'avance plus deux fois le recouvrement ; elle augmente donc depuis ce point jusqu'aux extrémités de la coulisse, où elle est généralement assez grande pour découvrir complètement les lumières.

Ainsi, lorsqu'on déplace le coulisseau ou enfin lorsqu'on agit sur le levier de changement de marche, on diminue simplement la course de glissière en rapprochant le levier du point milieu. Cette diminution de course suffit, comme nous allons le voir, pour augmenter la détente.

On sait que le piston étant à fond de course, la lumière du même côté est ouverte d'une quantité égale à l'avance.

A mesure que le piston recule, la glissière marche

dans le même sens, ouvre plus ou moins la lumière, puis revient sur elle-même et la referme avant que le piston soit au bout de sa course, ce qui limite l'admission et laisse achever la course par l'expansion.

Eh bien ! si la course à faire est moins longue à partir du point d'avance qui doit rester constant, la glissière sera revenue plus tôt au point où elle ferme l'admission, et la détente sera par suite plus prolongée.

19. D. *Convient-il de faire fonctionner une machine à vapeur à une pression plus basse que celle pour laquelle elle a été construite, ou bien faut-il tâcher de la faire fonctionner à la pression voulue?*

R. Il est préférable de la faire fonctionner à la plus haute pression voulue, parce qu'alors on pourra donner à la machine le plus grand degré de détente possible ou faire appliquer un mouvement d'expansion, s'il n'existait pas à la machine.

20. D. *Au point de vue de la sécurité, n'est-il pas préférable de rester en dessous de la pression à laquelle la machine doit fonctionner ?*

R. Toutes les pièces d'une machine à vapeur ont été calculées pour résister à la pression déterminée ; il n'y a donc pas lieu de les faire fonctionner sous une pression plus faible, à moins qu'on n'ait des motifs sérieux pour croire que les organes ne résisteraient pas.

III

Mise en marche des machines à vapeur.

21. D. *Quelles sont les précautions à prendre dans la mise en train des machines à pleine pression ?*

R. a. Si le cylindre de la machine est vertical ou

incliné, il faut, avant la mise en train, placer le piston à la partie supérieure du cylindre et de façon à faire arriver la vapeur en dessous du piston.

Si le cylindre est horizontal, la position du piston est indifférente;

b. Ouvrir tous les robinets purgeurs;

c. Graisser toutes les surfaces frottantes;

d. Ouvrir lentement la prise de vapeur sur les chaudières, puis le modérateur de la machine, de telle manière que la vapeur ne puisse mettre la machine en marche.

Les robinets purgeurs dégageront de l'eau mélangée de vapeur; la machine restera dans cet état aussi longtemps que les robinets purgeurs donneront de l'eau. Aussitôt que la vapeur sèche sortira par les robinets, on donnera doucement plus de vapeur au cylindre et on produira un mouvement lent de la machine; on activera petit à petit ce mouvement, jusqu'à ce que la machine ait acquis sa vitesse normale; on fermera les robinets purgeurs.

22. D. *Pourquoi, dans les machines où les cylindres sont verticaux ou inclinés, fait-on arriver d'abord la vapeur en dessous des pistons?*

R. Parce que, si l'on faisait arriver la vapeur au-dessus des pistons, elle y entraînerait toutes les eaux de condensation qui se trouvent dans la chapelle, dans les tuyaux; ces eaux ne pourraient pas s'écouler complètement, même s'il y avait un robinet purgeur au couvercle supérieur du cylindre; — tandis qu'en faisant arriver d'abord la vapeur en dessous du piston, elle amène toutes les eaux de condensation dans le bas du cylindre, partie qui se trouve en communication avec un robinet purgeur qui permet l'évacuation complète des eaux.

23. D. *Expliquez pourquoi la position du piston est indifférente dans les machines horizontales à pleine pression, lors des mises en train.*

R. A cause de la position horizontale du cylindre, il est indifférent de purger les eaux condensées par l'une ou par l'autre des extrémités du cylindre; ces deux extrémités sont munies de robinets purgeurs. Si cependant on avait oublié de placer un des deux robinets purgeurs, il ne faudrait faire arriver la vapeur que du côté où se trouve le robinet purgeur.

24. D. *Mais si l'on ne faisait pas écouler les eaux de condensation, et qu'elles arrivassent au cylindre pendant la marche de la machine, y aurait-il un grand mal?*

R. L'eau n'est presque pas compressible : de plus, il faut un certain temps pour faire passer de l'eau à une certaine vitesse par des orifices rétrécis : cela posé, s'il arrivait de l'eau dans le cylindre pendant la marche de la machine, elle se trouverait entre le piston et un couvercle du cylindre et elle y ferait, grâce à ses propriétés sus-énoncées, le même effet qu'un corps dur qui occuperait sa position; c'est-à-dire qu'elle entraverait la course du piston, et entraînerait des chocs souvent assez violents pour déterminer la rupture de plusieurs pièces de la machine.

Le choc sera d'autant plus grand que la vitesse de la machine sera plus grande et que l'eau sera en plus grande abondance dans le cylindre. S'il y a peu d'eau, ou si la machine marche lentement, la rupture des pièces n'a pas lieu, mais il se manifeste presque toujours des chocs qui sont préjudiciables à la machine, quelque petits qu'ils soient.

Si donc on veut éviter des chocs et prévenir des accidents graves, il faut parfaitement purger, avant la marche de la machine, toutes les eaux condensées qui se trouvent dans les tuyaux, la chapelle, le cylindre, enfin dans tous les espaces destinés à recevoir la vapeur. Dans bien des cas, on doit purger les eaux pendant la marche de la machine.

25. D. *Dans quel but ouvre-t-on peu à peu la prise de vapeur sur les chaudières, ainsi que le modérateur à la machine?*

R. Parce que, si on ouvrait rapidement la prise de vapeur sur les chaudières, la vapeur circulerait très vite dans les tuyaux, et ces derniers, échauffés trop brusquement, pourraient se briser; parce qu'une trop grande ouverture donnée instantanément à cette prise de vapeur pourrait déterminer l'explosion de la chaudière.

On ouvre lentement aussi le modérateur de la machine, pour échauffer doucement le cylindre et permettre l'évacuation de toutes les eaux de condensation avant la marche de l'appareil.

26. D. *Pourquoi faut-il, à la mise en train, et lorsqu'on croit être assuré que toute l'eau de condensation est évacuée, pourquoi faut-il encore produire un mouvement lent de la machine?*

R. a. Afin que le cylindre puisse s'échauffer lentement sur toute sa longueur, ainsi que les deux couvercles;

b. Afin de permettre à l'eau qui pourrait se trouver au-dessus du piston, dans les machines verticales, de passer à la décharge sans amener de chocs violents;

c. Afin aussi de s'assurer, avant la marche régulière, qu'il ne manque rien à la machine, ou qu'il n'y a pas un corps étranger qui s'oppose à son mouvement.

27. D. *La mise en train des machines à expansion diffère-t-elle essentiellement de celle des machines à pleine pression?*

R. Non ; seulement il faut avoir soin de placer les pistons très près des couvercles, parce que si les pistons avaient déjà parcouru un trop long espace, les lumières d'admission de vapeur aux cylindres pourraient être fermées, et la vapeur ne serait pas admise dans les cylindres. Dans cette position des pistons, les cylindres ne s'échauffent que sur une très petite étendue : il faudra, pour remédier à cet inconvénient, déterminer quelques révolutions de la machine en agissant sur le volant, puis seulement alors admettre assez de vapeur par le modérateur pour permettre à la machine un mouvement lent, sans agir sur le volant. Lorsque tout sera bien échauffé, qu'il ne sortira des robinets purgeurs que de la vapeur sèche et qu'on sera assuré qu'il ne manque rien à la machine, on admettra petit à petit la vapeur nécessaire à la marche normale.

28 D. *Comment s'opère la mise en train des machines à condensation?*

R. Ces machines peuvent être horizontales ou verticales, à pleine pression ou à détente. Dans ces différents cas, on procédera comme il a été indiqué précédemment. On aura, en plus, à opérer la mise en marche de la condensation.

Dans les cas ordinaires, et lorsque la machine commence à se mouvoir sous l'action de la vapeur, on ouvre légèrement le robinet d'injection du condenseur; on augmente cette ouverture proportionnellement à la quantité de vapeur qu'on admet au cylindre.

Lorsque la condensation fonctionne bien, l'eau

chaude sort de la pompe à air, le condenseur ne
s'échauffe pas, l'indicateur du vide indique une dépression suffisante.

29. D. *La mise en train de la condensation se fait-elle
toujours sans inconvénient, et ne doit-on pas avoir
recours à des moyens artificiels pour en assurer le bon
fonctionnement?*

R. En faisant tourner la machine par une action sur
le volant, en admettant peu de vapeur au cylindre
pendant les premières révolutions de la machine, le
condenseur et la pompe à air se trouvent dans des
proportions exagérées et par suite très favorables pour
obtenir une mise en marche sans inconvénient; cependant, si les appareils condenseurs étaient défectueux,
ou si on devait admettre de suite beaucoup de vapeur
au cylindre (ce cas se présente dans les machines qui
sont toujours chargées, telles que les machines d'épuisement), il arriverait que la condensation pourrait ne
pas fonctionner à la mise en train.

Dans ces cas, il faudrait produire le vide dans le
condenseur par un moyen artificiel.

Ce moyen consiste à échauffer le condenseur, un peu
avant la mise en train, au moyen d'un jet de vapeur
amené par un tuyau disposé à cet effet. L'air contenu
dans le condenseur se dilate, soulève les soupapes
de la pompe à air et se dégage dans l'atmosphère. On
refroidit le condenseur en l'aspergeant d'eau ; alors un
vide plus ou moins parfait se produit dans le condenseur, et facilite sa mise en train.

Si la disposition de la machine ne permet pas
d'échauffer le condenseur par un tuyau spécial, le condenseur s'échauffera par la vapeur de décharge du
cylindre ; alors on arrêtera la machine, on projettera

de l'eau sur le condenseur et la pompe à air ; après refroidissement, on mettra en train, et, à moins d'un vice sérieux, la condensation fonctionnera.

IV

Conditions dans lesquelles doivent se trouver les principaux organes des machines à vapeur.

30. D. *Que doit-on exiger d'un cylindre ?*

R. Il faut qu'il soit parfaitement cylindrique, parfaitement poli à l'intérieur ; que la table des lumières soit aussi parfaitement polie ; que les robinets purgeurs soient placés, au cylindre et à la chapelle, de façon à purger toute l'eau contenue dans ces organes, c'est-à-dire le plus bas possible ; que le cylindre et la chapelle soient garnis d'une enveloppe, pour éviter les pertes de chaleur qui se traduisent toujours par une perte en combustible.

31. D. *Si le cylindre n'était pas parfaitement cylindrique, que devrait-on faire ?*

R. Se hâter de le faire aléser, parce que la dépense en combustible brûlé inutilement dépasse bientôt les frais d'alésage.

32. D. *Si le cylindre n'était pas bien poli à l'intérieur, s'il présentait des rainures, des surfaces ternes, que devrait-on en conclure ?*

R. Ces défauts peuvent se présenter :

a. Lorsque les cercles du piston ne joignent pas bien au cylindre ;

b. Lorsque les eaux condensées attaquent la fonte ;

c. Lorsque les cercles du piston sont trop fortement

serrés contre les parois du cylindre et ont fait gripper les surfaces ;

d. Lorsque le métal des cercles du piston est trop dur pour la fonte du cylindre ;

e. Lorsqu'un corps dur a pénétré dans le cylindre et a rayé sa surface intérieure.

33. D. *Comment s'assure-t-on que les cercles du piston joignent parfaitement au cylindre ?*

R. On étançonne le volant, de telle façon que la machine ne puisse tourner, même sous l'action de la vapeur. Si la machine n'a pas de volant, on emploiera un moyen d'arrêt exigé par la construction de l'appareil.

Lorsqu'on est assuré de la parfaite fixité de la machine, on introduit doucement la vapeur dans le cylindre et on ouvre le robinet purgeur du cylindre qui se trouve du côté opposé à celui qui reçoit la vapeur.

Si ce robinet laisse passer de la vapeur, c'est un signe certain que les cercles du piston ne joignent pas parfaitement au cylindre. Il faut alors resserrer les cercles.

Il est bon de faire la vérification en plusieurs positions du piston, parce que telle position pourrait accuser un bon piston et telle autre position un mauvais ; ce cas se présenterait si le cylindre n'était plus parfaitement cylindrique, par suite d'une mauvaise direction donnée à la tige du piston.

Si l'on reconnaissait des variations dans les fuites de vapeur, aux différentes positions du piston, on devrait vérifier les dimensions intérieures du cylindre, et ne pas resserrer le piston, si ces dimensions n'étaient pas uniformes sur toute sa longueur.

Si le cylindre est reconnu dans de bonnes conditions, on pourra resserrer les cercles, les variations dans les fuites ne provenant que d'un petit mouvement dans les cercles du piston.

Si le cylindre était vicieux, il faudrait remédier au mal par un alésage le plus tôt possible.

34. D. *Comment peut-on constater que les cercles du piston sont trop fortement pressés contre les parois du cylindre ?*

R. Dans ce cas, les cercles et la surface intérieure du cylindre sont grippés sur toute leur étendue, surtout si l'on ne graisse pas l'intérieur du cylindre et si l'on travaille avec de la vapeur sèche.

On remarque aussi que la vitesse de la machine s'accélère, dans des limites assez étendues, chaque fois qu'on graisse le cylindre. Enfin, l'usure des cercles ou du cylindre, suivant leur dureté, est relativement considérable.

Lorsqu'on travaille avec de la vapeur humide, lorsqu'on graisse souvent les cylindres, lorsque la dureté des cercles du piston est en rapport avec celle de la fonte du cylindre, le grippage ne se produit pas. Les surfaces, au contraire, présentent un poli remarquable.

Les inconvénients d'un piston placé dans ces conditions et trop fortement serré sont : une grande perte de travail due à un frottement exagéré, un graissage coûteux, une usure rapide du cylindre et des cercles du piston.

On ne devra donc pas être satisfait, à la vue d'un beau cylindre ; on devra se servir des indications du graissage et observer l'usure du cylindre avant de conclure à la perfection du piston.

35. D. *Par quel moyen reconnaîtra-t-on que les sur-*

faces rugueuses observées dans un cylindre proviennent de l'action des eaux corrosives ?

R. Lorsque les parties où les eaux peuvent s'accumuler sont attaquées, on peut conclure qu'on a affaire à des eaux corrosives. On observe aussi, dans ce cas, que les boulons et la tige du piston sont détériorés. Il n'y a guère de remède contre les eaux corrosives ; un palliatif consiste à employer le bronze pour toutes les pièces susceptibles d'être construites avec ce métal.

Les eaux corrosives se rencontrent souvent dans les mines.

36. D. *Si le métal employé pour les cercles du piston était trop dur pour la nature de la fonte du cylindre, comment connaîtrait-on ce défaut et comment pourrait-on y parer ?*

R. Dans ce cas, la surface du cylindre est rayée, son diamètre augmente rapidement par l'usure, il faut souvent resserrer les cercles du piston ; pour parer au mal, on fait exécuter des cercles en bronze tendre ou en fonte tendre, afin de provoquer l'usure de ces derniers et de maintenir le cylindre en bon état.

37. D. *Un corps dur peut-il s'introduire dans le cylindre ?*

R. Oui, ce fait se présente quelquefois : un écrou se détache du piston, une incrustation arrachée d'un tuyau arrive au cylindre, entraînée par la vapeur ; d'autres fois, par une négligence impardonnable, on oublie un outil dans le cylindre après un montage ou une réparation.

Lorsqu'un corps étranger est dans le cylindre, on s'en aperçoit généralement au bruit qu'il produit pendant la marche de la machine ; il faut se hâter de l'en retirer.

38. D. *Comment s'assure-t-on que la table des lumières est en bon état ?*

R. On dispose le tiroir de distribution de telle façon que les lumières du cylindre soient fermées ; on maintient la machine immobile, on enlève les couvercles du cylindre et l'on donne la vapeur progressivement dans la chapelle. Si le tiroir ou la table n'est pas en bon état, on s'en apercevra à la vapeur qui se dégagera par les ouvertures des lumières dans le cylindre.

On pourrait ne pas démonter les couvercles et ouvrir seulement les robinets purgeurs, si les deux extrémités du cylindre en sont pourvues.

Cette vérification sert aussi à constater l'état du tiroir, si la machine est à pleine pression, ou l'état des tiroirs ou des soupapes, si la machine est à expansion.

Les vérifications indiquées pour les tiroirs de distribution s'appliquent également aux soupapes de distribution.

39. D. *Dans le cas où la table des lumières, les tiroirs ou les soupapes ne seraient pas en bon état, quel serait le moyen d'y remédier ?*

R. Il faut alors roder le tiroir sur la table, ou les tiroirs l'un sur l'autre dans le cas des expansions à deux tiroirs, ou les soupapes sur leurs sièges dans le cas des distributions par soupapes.

Le rodage se fera à l'émeri le plus fin et l'opération sera continuée jusqu'à ce que, après avoir bien essuyé les parties rodées et avoir tracé quelques lignes de craie sur les surfaces, toute la craie soit enlevée par la seule opération de mouvoir *une seule fois* les pièces rodées sur celles qui leur correspondent.

Si toutes les lignes de craie ne sont pas enlevées après une seule passe, on devra recommencer l'opération. Il faut absolument que la perfection soit atteinte. Dans le cas de fortes détériorations, il faut avoir recours à la lime pour les surfaces planes et au tour pour les soupapes.

40. D. *Est-il bien important d'éviter toutes espèces de fuites aux pistons, aux tiroirs et aux soupapes de distribution et d'expansion?*

R. Il est du devoir des machinistes de veiller scrupuleusement à ce que les pistons, les tiroirs et les soupapes ne produisent aucune fuite de vapeur, attendu que ces fuites sont continues ; et, si petites qu'elles soient, elles produisent, à la fin de la journée, une grande quantité de vapeur perdue qui se traduit par une perte de combustible. De plus, par l'action corrosive de la vapeur, les fuites augmentent continuellement et bientôt elles ont grandi au point d'exiger le remplacement des organes défectueux.

Il faut donc remédier au mal dès qu'il se produit.

Cette observation s'appliquera à tous les défauts qui pourraient se manifester dans les organes des machines. Il sera toujours facile de corriger un défaut à sa naissance, et la conduite des machines à vapeur deviendrait bien simple si on ne laissait pas souvent les défauts grandir et s'accumuler, au point de rendre l'appareil si caduc que le machiniste, en présence de tant de réparations à effectuer, se décourage et restreint ses fonctions à la manœuvre du modérateur et au graissage.

41. D. *Doit-on vérifier souvent l'état du piston, du tiroir et des soupapes?*

R. Si la machine est neuve, les vérifications doivent se faire tous les jours. Si la machine a fonctionné depuis quelque temps et que le machiniste soit nouvellement appelé à la conduire, il devra inspecter toutes les pièces de la machine, afin de bien connaître l'appareil qu'il va soigner. Lorsque le machiniste connaît sa machine, il peut, si elle est dans de bonnes conditions, espacer assez longuement ses vérifications ; mais, dans tous les cas, il ne doit pas dépasser deux mois.

42. D. *Comment doit-on resserrer un piston de machine à vapeur ?*

R. On distingue principalement deux espèces de pistons :

Dans les uns, les cercles sont pressés contre le cylindre par des ressorts.

Dans les autres, les cercles ont été tournés à un diamètre plus grand que celui du cylindre, puis fendus et ramenés au diamètre du cylindre afin de pouvoir les introduire dans ce dernier.

Ces cercles tendent à s'ouvrir et se pressent d'eux-mêmes contre les parois intérieures du cylindre, sans nécessiter l'emploi des ressorts.

Pour resserrer un piston à ressort, on procède comme suit :

On enlève un couvercle du cylindre, puis le plateau du piston ; on serre très légèrement les écrous des ressorts, de façon à bien maintenir le centre du piston au centre du cylindre ou à l'y ramener, s'il s'en était écarté. On replace alors le plateau du piston, on maintient la machine afin qu'elle ne puisse se mettre en mouvement, on fait arriver la vapeur du côté du cylindre qui a conservé son couvercle et on examine par le côté du cylindre si le piston laisse passer la vapeur. Si ce dernier cas se présentait, on recommencerait l'opération. En resserrant ainsi progressivement les ressorts du piston et en ayant soin de toujours consulter les indications que fournit la vapeur, on peut arriver à un serrage parfait. Si le piston appartient à la seconde catégorie, c'est-à-dire s'il n'a pas de ressort, il faut alors enlever les cercles et les ouvrir en frappant à l'intérieur avec un léger marteau et en appuyant l'extérieur sur du bois ou un corps tendre.

La surface intérieure des cercles s'étend par le martelage ; les cercles s'ouvrent, leur diamètre augmente.

L'ouverture à donner aux cercles varie suivant les diamètres. Pour 0 m. 20 de diamètre, on ne devra pas dépasser un millimètre d'ouverture ; on pourra augmenter cette ouverture proportionnellement au diamètre.

Le cercle élargi sera replacé et la vérification du piston se fera comme il a été indiqué pour les pistons à ressorts. Si la première opération n'a pas réussi, on la recommence. En résumé, il faut resserrer les cercles petit à petit, de crainte d'arriver à un trop fort serrage, et ne croire à la perfection du piston que lorsqu'on en aura fait l'épreuve par la vapeur.

On ne devra pas donner au piston une fermeture parfaitement hermétique, mais une fermeture telle qu'il ne laisse passer qu'une vapeur très légère, dite morte-vapeur. Dans ces conditions, la petite fuite observée à l'état de repos ne se manifestera pas pendant la marche de la machine.

43. D. *Doit-on graisser souvent l'intérieur des cylindres ?*

R. Il est des cylindres qui doivent être graissés ; d'autres pour lesquels cette opération est inutile et même nuisible.

On remarque que les cylindres dont les pistons ont

des cercles en bronze, les cylindres à vapeur surchauf-fée ou à vapeur sèche, et les cylindres horizontaux doivent être graissés.

Deux indications annoncent s'il faut graisser les cylindres. Lorsque les pistons crient en marchant, il faut graisser. Lorsque, en injectant de la graisse dans le cylindre, la vitesse de la machine s'accélère, c'est que la graisse est utile.

Quant à la quantité de graisse à employer, elle doit être déterminée par l'expérience, mais elle doit toujours être donnée en quantité la plus restreinte possible.

Il est préférable de ne pas graisser les cylindres, parce que d'abord c'est une dépense souvent inutile ; ensuite, cette graisse s'introduit dans le piston et y forme pâte avec les terres entraînées par la vapeur. Cette pâte entrave le jeu des ressorts et des cercles. Les graisses sont souvent de mauvaise qualité et ont une action corrosive sur les métaux.

44. D. *Quelles sont les conditions d'un bon bourrage ?*

R. Un bon bourrage doit être élastique, afin de joindre parfaitement à la tige sur tout son pourtour ; il doit être suffisamment serré pour éviter les fuites et ne pas contenir de corps durs qui pourraient rayer les tiges.

45. D. *Quelle est la matière la plus convenable pour les bourrages pour la vapeur ?*

R. C'est le chanvre doux ; le caoutchouc se durcit par la vapeur et les huiles le dissolvent.

46. D. *Comment s'opère un bourrage pour la vapeur ?*

R. On nettoie parfaitement la boîte, on y introduit le chanvre en boudins graissés, tournés régulièrement autour de la tige, jusqu'à ce que la boîte soit remplie, puis on place le presse-étoupe, et on serre les boulons jusqu'à ce que le presse-étoupe soit entré de 1/3 environ dans la boîte à bourrage. On donne ensuite doucement la vapeur et on l'augmente graduellement.

Si le bourrage fuit, on resserre le presse-étoupe jusqu'à absence de fuite.

On procède, pour régler un bourrage, comme on procède pour régler un piston, c'est-à-dire que c'est la vapeur qui indique le degré de serrage qu'il convient de donner au bourrage.

Il faut se garder de serrer au hasard, on doit toujours donner la plus faible pression possible pour réduire les frottements.

On graisse le chanvre afin de lui donner plus de souplesse et de permettre aux fibres de glisser les unes sur les autres et d'occuper ainsi plus parfaitement toute la capacité de la boîte.

47. D. *Est-il bien nécessaire de prendre tant de précautions pour serrer un bourrage, et le frottement du chanvre sur une tige peut-il être bien grand ?*

R. Il n'est pas de trop petites précautions à prendre dans la conduite d'une machine à vapeur ; elles sont toutes utiles, et même nécessaires ; elles concourent toutes à préserver une des pièces de la machine, et chaque pièce est importante.

D'une manière générale, on ne doit rien négliger pour la bonne marche d'une machine à vapeur, et pour le cas qui nous occupe, nous dirons qu'un bourrage trop serré, outre qu'il peut rayer les tiges, détermine un frottement qui peut être considérable.

C'est ainsi qu'un serrage exagéré peut arrêter la marche d'une machine à vapeur, s'il est appliqué au bourrage de la tige du piston à vapeur. On a vu des tiges de tiroir se briser par suite d'un bourrage trop serré.

Il est donc très important de placer les bourrages dans les meilleures conditions possibles.

48. D. *Comment doit-on procéder pour éviter les trop grands frottements dans les bourrages ?*

R. Il faut renouveler souvent le chanvre et ne pas attendre qu'il soit brûlé et durci.

Il ne faut, dans aucun cas, recharger un vieux bourrage. Le serrage des écrous doit se faire avec de petites clefs et en suivant les indications de la vapeur.

49. D. *Que doit-on observer relativement aux bielles ?*

R. Bien graisser les deux coussinets et veiller à éviter les échauffements, supprimer les chocs en resserrant les clefs si le montage est parfait, remédier au montage s'il est défectueux.

50. D. *Quels sont les principaux défauts de montage qui peuvent provoquer l'échauffement des coussinets de la bielle ou des chocs dans les coussinets ?*

R. L'échauffement ou les chocs se produiront :

a. Si l'arbre de la machine n'est pas de niveau ;

b. Si l'arbre n'est pas d'équerre avec l'axe de la machine ;

c. Si le trou de la crosse du piston qui reçoit le pivot de la bielle n'est pas alésé d'équerre avec le trou qui reçoit la tige du piston, et si, dans les machines à balancier, le pivot de la bielle n'est pas parallèle à l'axe du balancier ;

d. Si l'arbre de la machine est avancé ou reculé dans le sens de sa longueur ;

e. Si la tige du piston n'est pas guidée parfaitement suivant l'axe du cylindre ;

f. Si le pivot de la manivelle n'est pas parallèle à l'axe de l'arbre.

54. D. *Comment s'assure-t-on que l'arbre est de niveau ?*

R. Dans les machines à volant, il ne faut pas mettre les niveaux d'eau à bulle d'air sur les arbres, ainsi qu'on le fait souvent : ce moyen ne donne pas un résultat exact, à cause de la forme convexe de l'arbre.

Un moyen très pratique et d'une grande exactitude consiste à disposer un fil à plomb (F, fig. 10) à quelques centimètres du volant; à l'aide d'un compas d'intérieur (maître de danse), on mesure la distance en *x* bien exactement, on fait faire un demi-tour au volant, et on mesure la distance en *z*.

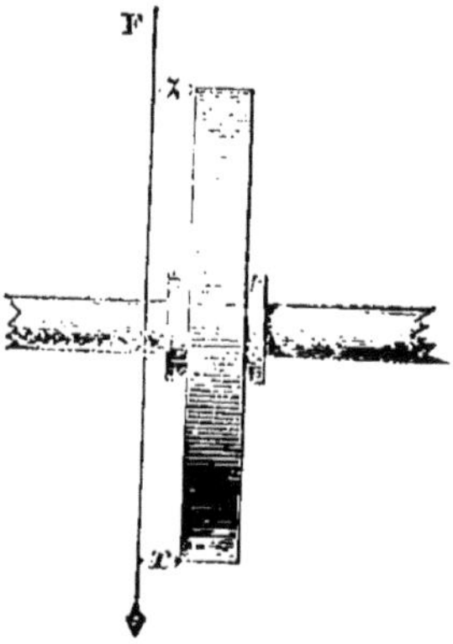

Si l'arbre est horizontal, les deux distances en *x* et *z* sont les mêmes.

Il faut avoir soin de faire une marque de repère en *x* et de la mener en *z*; les deux mesurages doivent se faire du même point du volant au fil à plomb, mais dans deux positions à peu près symétriques. Nous disons à peu près symétriques, parce que l'arbre s'opposera à donner au fil une position parallèle à un diamètre du volant. Le fil devra descendre aussi près de l'arbre que possible.

Fig. 10.

La vérification qui vient d'être décrite sera d'autant plus sensible que le volant aura un plus grand diamètre relativement à la longueur de l'arbre de la machine; s'il y a eu une erreur dans le niveau de l'arbre, cette erreur se manifestera beaucoup plus fortement à la circonférence du volant.

En général, pour les montages ou les vérifications de montage, on devra employer les moyens multiplicateurs : nous venons d'en voir un exemple ; donnons-en un second afin de faire saisir notre pensée. On doit vérifier si les deux faces intérieures de A et B (fig. 11) sont parallèles : on remarque que ces deux surfaces ont une très petite étendue.

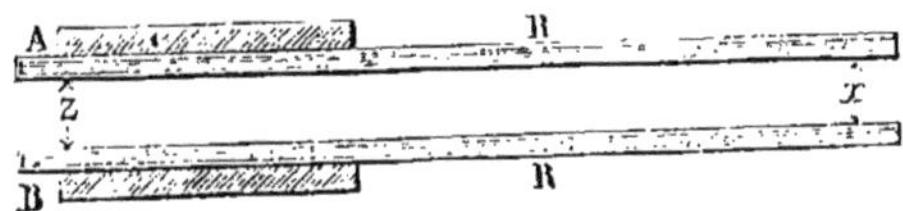

Fig. 11.

Le moyen multiplicateur pour faire cette vérification consiste à appliquer deux règles R, R sur A et B. Ces règles doivent avoir leurs côtés parallèles.

On mesure alors les distances x, z, et si les corps A, B n'ont pas leurs surfaces parallèles, on observera entre x et z des différences d'autant plus grandes que les règles seront plus longues.

On conçoit donc qu'avec des règles suffisamment grandes on puisse s'apercevoir d'une erreur de moins de 1/20 de millimètre.

Dans les machines sans volant, ou lors des montages, lorsque le volant n'a pu être installé, on doit avoir recours à d'autres moyens.

On peut se servir, au lieu de volant, de toute pièce fixée à l'arbre et douée d'un assez grand rayon ; on pourra aussi fixer sur l'arbre une tige aussi longue que possible, et mesurer, dans les deux positions à peu près symétriques de la tige, les distances de son extrémité au fil à plomb.

Si ces moyens ne peuvent être employés, on devra avoir recours au niveau à bulle d'air. Pour éviter autant que possible les erreurs que peut donner le niveau, il faut, avant de l'employer, tracer sur l'arbre un trait parallèle à l'axe de cet arbre, au moyen d'une équerre à chapeau, puis placer le niveau sur l'arbre bien parallèlement au trait; on retournera plusieurs fois le niveau en l'amenant chaque fois dans la même position; la bulle d'air devra toujours indiquer la même position, et suivant cette position on reconnaitra si l'arbre est de niveau. Il faut s'assurer, au moyen du compas d'épaisseur, si l'arbre est bien cylindrique à l'endroit où on applique le niveau.

On ne doit pas se contenter d'une seule vérification, on doit la répéter plusieurs fois et, autant que possible, avec des moyens différents.

Ces moyens sont très variables suivant les circonstances; nous ne pouvons les indiquer tous sans entrer dans des détails absolument trop longs. Nous devons nous borner aux cas généraux, indiquer dans ces cas les moyens les plus parfaits et mettre en garde contre des erreurs qui se rencontrent souvent dans la pratique.

52. D. *Comment vérifie-t-on si l'arbre est d'équerre avec l'axe du cylindre dans les machines sans balancier, et parallèle à l'axe de rotation du balancier dans les machines qui sont pourvues de cet organe ?*

R. Il faut procéder de différentes façons, suivant que

la machine sera horizontale ou verticale, à action directe ou à balancier.

1° Si la machine est horizontale, on démonte les deux couvercles du cylindre, on enlève le piston, on laisse la crosse dans ses guides et on fait passer un fil très mince et bien régulier au travers du cylindre et du trou de la crosse. Sur toute la longueur de la machine, ce fil est fixé à ses deux extrémités d'une façon quelconque.

A l'aide d'un compas d'intérieur, on place le fil parfaitement au centre des deux ouvertures du cylindre, en faisant varier les deux points d'attache extrêmes. On devra apporter le plus grand soin à cette opération, il faut absolument qu'elle soit *parfaite;* on peut arriver à cette perfection avec un peu de soins et de patience.

Lorsqu'on est bien assuré que le fil passe par l'axe du cylindre, on fait tourner l'arbre de la machine de façon à mettre la manivelle à droite et à gauche dans une position horizontale, et on mesure la distance qui sépare le fil de l'extrémité de la manivelle dans chacune des deux positions.

Si les deux distances sont les mêmes, l'arbre sera d'équerre.

Si l'on observait une différence, on devrait faire varier la crapaudine du volant jusqu'à ce que l'erreur soit corrigée. On profitera de l'occasion pour vérifier si le sabot est bien guidé suivant l'axe du cylindre, et à cet effet, en conservant au fil sa position, on fera manœuvrer la crosse dans ses guides. Il faudra, dans toutes les positions de la crosse, que le fil passe exactement par les centres du trou de la tige du piston.

On modifierait la position des guides, si l'on constatait une erreur.

2° Si la machine est verticale, à cylindre dit en l'air, on enlèvera les couvercles du cylindre, le piston et la bielle; on laissera la crosse dans ses guides, on s'assurera que l'axe du cylindre est vertical, puis on laissera descendre un fil à plomb, passant exactement par les centres du cylindre; on fera monter et descendre la crosse dans ses guides. Il faut que, dans toutes les positions de la crosse, le fil passe par les centres du trou de l'ouverture qui reçoit la tige du piston. Dans ces conditions, la tige du piston est bien guidée.

Après cette première vérification, on déterminera si l'arbre est d'équerre.

A cet effet, on place une règle BB, en acier (fig. 12), ayant une largeur uniforme, dans toute sa longueur, sur les glissoires G; on laisse descendre deux fils à plomb

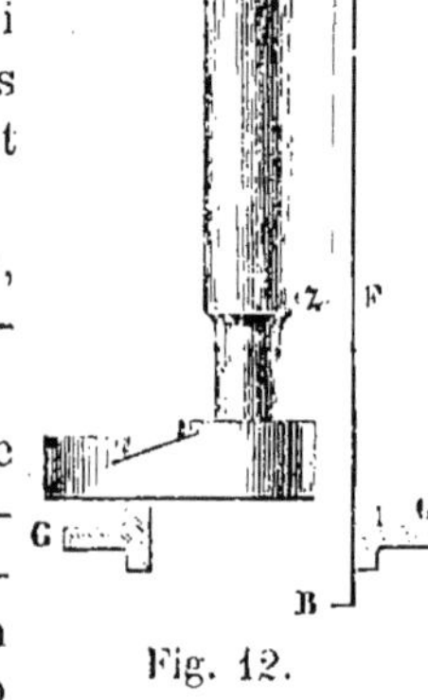

Fig. 12.

le long de la règle F et F; on mesure les deux distances Z, Z, entre les fils à plomb et l'arbre; ces deux distances, mesurées au compas d'intérieur, doivent être rigoureusement les mêmes.

Dans le mesurage des distances Z, Z, on devrait tenir compte des différences de diamètre de l'arbre, si ces différences existaient au point de mesurage.

Le moyen de vérification énoncé est un moyen multiplicateur qui permet d'arriver à la plus grande exactitude.

Il est des cas où il sera plus convenable de modifier la position des glissoires G que celle de l'arbre.

3° Si la machine dite à cylindre en l'air est pourvue d'un balancier d'Olivier Ewans pour guider la tige du piston, il faudra que l'axe d'oscillation du balancier soit parallèle à l'arbre de la machine. Nous indiquerons le moyen de faire cette vérification lorsque nous parlerons des machines à balancier.

Pour vérifier si la crosse de la tige du piston est guidée suivant l'axe du cylindre, on disposera le fil à plomb comme dans le cas précédent, on enlèvera la bielle et on placera la crosse en haut, en bas et au milieu de la course ; dans ces différentes positions, le fil à plomb devra passer par les centres des trous de la crosse. S'il y avait une erreur, on devrait modifier la longueur des bielles du parallélogramme ou la position de son axe.

On devra avoir soin de disposer la crosse de telle façon que l'axe du trou de la tige du piston soit toujours vertical.

4° Si la machine est à arbre en l'air et que la crosse soit guidée par des glissoires ou par un parallélogramme d'Olivier Ewans, on procédera comme pour les machines à cylindre en l'air.

5° Si la machine est à balancier, l'axe d'oscillation du balancier devra être parallèle à l'arbre de la machine.

Pour faire cette vérification, on procède comme suit :

On observe si l'axe du balancier a conservé les centres laissés par le tour. Si les centres ont disparu, on les rétablit.

On laisse descendre deux fils à plomb (fig. 13) passant tangentiellement à deux circonférences de même rayon tracées à chaque extrémité de l'axe d'oscillation du balancier et, sur ses bouts, on dispose horizontalement une règle R R, parallèle à la direction donnée par les deux fils à plomb.

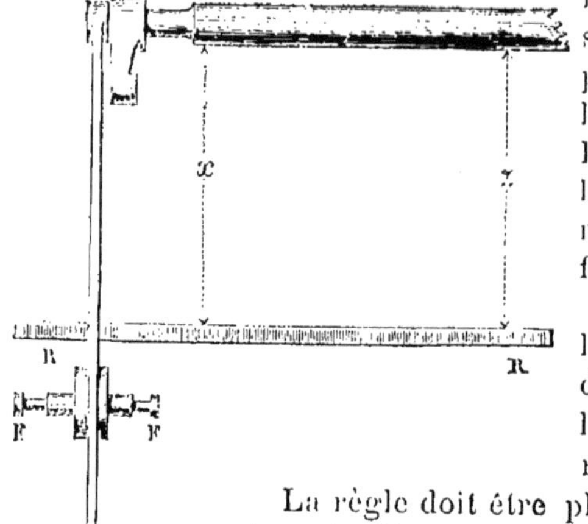

On examine si les distances x, z de la règle à l'arbre sont les mêmes.

La règle doit être placée à la hauteur de l'axe de l'arbre.

On doit tenir compte des différences de diamètre de l'arbre. Les distances x, z, étant assez longues, se mesureront au moyen d'une tige rigide.

Il y a dans l'ensemble de l'opération beaucoup de chances d'erreur, aussi devra-t-elle se pratiquer avec une grande attention. L'opération énoncée n'est pas toujours possible.

Voici un autre moyen de vérification qui peut donner des résultats très exacts (fig. 14).

On fixera une tige A à l'extrémité de l'axe d'oscillation du balancier, et de telle façon que cette tige soit verticale lorsque le balancier est horizontal.

On fera osciller aussi fortement que possible le

balancier en démontant la bielle et le parallélogramme.

La tige A prendra deux positions symétriques aux deux côtés de l'axe d'oscillation du balancier.

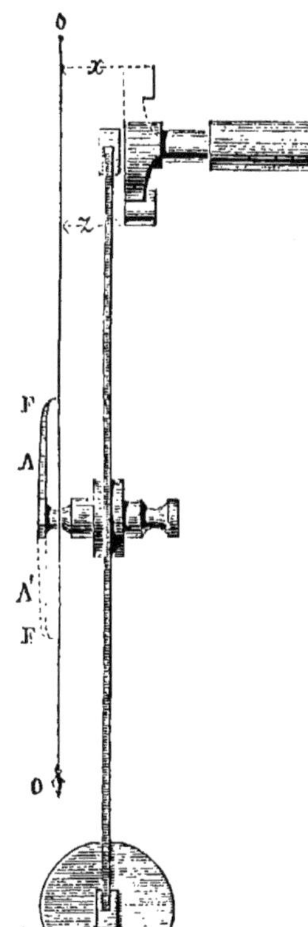

Fig. 14.

De l'extrémité recourbée de la tige dans les deux positions A et A'on laissera descendre deux fils à plomb F, F. On tendra un fil OO, suivant la direction des fils à plomb. On mesurera les distances x, z de ce fil à l'extrémité de la manivelle, en donnant à cette dernière les deux directions à droite et à gauche dans une position horizontale. Les distances x, z devront être les mêmes. On donnera à la tige A la plus grande longueur possible.

Il existe des cas spéciaux, où on ne peut faire usage du niveau, ni du fil à plomb. Les machines de bateau en donnent des exemples.

Dans ces cas, il faut avoir recours à des moyens souvent assez compliqués, mais qui peuvent toujours donner une grande exactitude, s'ils sont employés avec les précautions voulues.

En réfléchissant sérieusement, on trouve toujours la possibilité d'opérer ou de vérifier parfaitement un montage. L'habitude rend les opérations très simples. Un exercice très utile consisterait à se proposer des problèmes de montage et à chercher à les résoudre.

53. D. *Indiquez le moyen de vérifier si le cylindre est au centre de la direction donnée par le parallélogramme dans une machine à balancier.*

R. On démonte le piston, on place le balancier au-dessus, au milieu et au bas de la course, et, dans les trois positions, on s'assure que le fil à plomb qui passe par l'axe du trou de la crosse passe aussi par le centre du cylindre.

54. D. *Comment s'assure-t-on que la crosse manœuvre dans de bonnes conditions?*

R. Dans les différentes positions de la crosse, on fait descendre un fil à plomb F, on le place au centre de l'ouverture supérieure de la crosse; il devra aussi passer par le centre de l'ouverture inférieure, c'est-à-dire que si les distances x, x sont les mêmes, les distances z, z devront aussi être égales entre elles (fig. 15).

55. D. *Mais si, dans les différentes positions de la crosse, le fil à plomb accusait une erreur de montage, que devrait-on conclure?*

R. Que l'erreur peut être produite :

1° Si les axes et pivots du balancier ne sont pas de niveau ;

2° Si les trous des pivots du parallélogramme dans le balancier ne sont pas alésés parallèlement à celui de l'axe d'oscillation ;

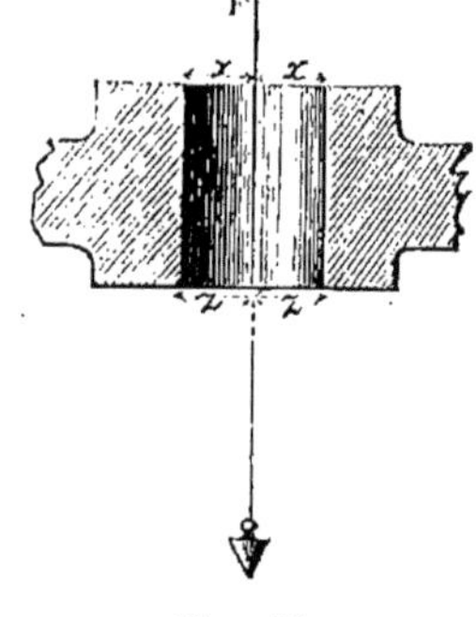

Fig. 15.

3° Si les bielles correspondantes dans le parallélogramme n'ont pas la même longueur ;

4° Si le trou de la crosse est mal alésé.

56. D. *Expliquez le moyen de s'assurer que tous les pivots et l'axe du balancier sont de niveau.*

R. On dispose une règle (fig. 16) sur le balancier, au-dessus du pivot ou de l'axe à vérifier. Au moyen d'un compas *e*, avec pointe recourbée, on place la règle parallèlement à l'axe de la pièce à vérifier ; on applique le niveau sur la règle.

Si cette dernière est de niveau, il est évident que le pivot le sera aussi.

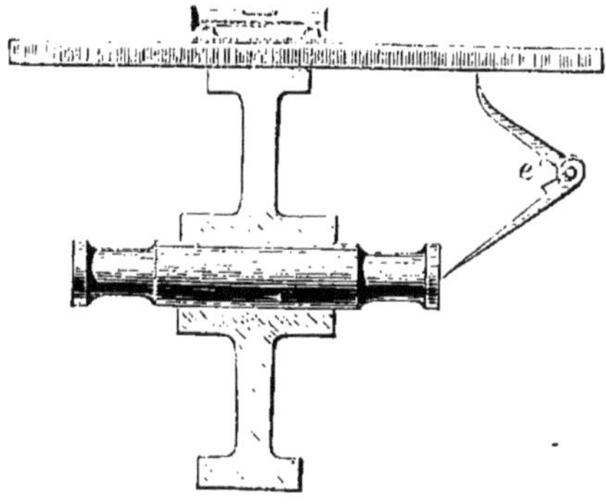

Fig. 16.

Si les centres des pivots ou de l'axe sont enlevés, il est facile d'en placer de nouveaux.

57. D. *Comment peut-on vérifier si les axes et pivots d'un balancier sont parallèles et si les bielles du parallélogramme ont des longueurs égales ?*

R. Au moyen d'un compas à glissière.

Cette dernière vérification ne se fera que lorsqu'on sera assuré que les axes et pivots sont de niveau.

58. D. *Si un pivot était trop long, d'un côté du balancier, comment se servirait-on d'un compas à glissière ?*

R. On recourberait une pointe, comme la figure 17 l'indique, mais alors on prendrait la circonférence du pivot comme point de comparaison, et non plus le centre.

Dans ce cas, on devra bien s'assurer que le pivot à examiner a bien le même diamètre des deux côtés du balancier, et, dans le cas contraire, avoir égard à la différence des diamètres.

59. D. *Si, après toutes les vérifications déjà indiquées et ayant amené de bons résultats, le fil à plomb ne passait pas encore par les deux centres du trou de la crosse, on en déduirait que la crosse est mal alésée; devrait-on en faire exécuter une autre de suite ?*

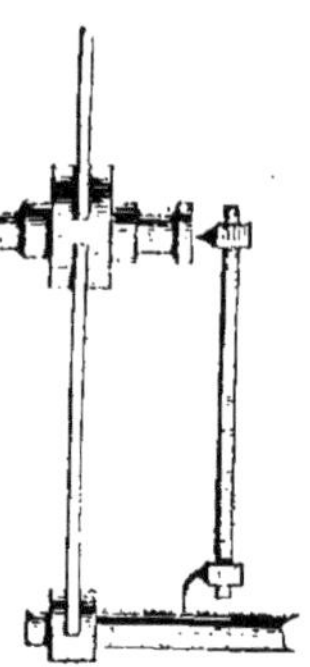

R. Non ; lorsqu'on trouve une erreur, on ne peut l'affirmer que lorsqu'on a

Fig. 17.

plusieurs fois, et autant que possible par des moyens différents, constaté le point douteux. La flexion d'une pièce, une clef, un écrou non serré, peuvent quelquefois faire croire à une erreur de montage où elle n'existe pas.

Il est toujours prudent, avant de condamner l'exécution d'une pièce, de la renvoyer dans un atelier où on a à sa disposition des tables dressées, des trusquins, des tours, etc., enfin des instruments qui permettent des vérifications mathématiques.

60. D. *Est-il donc bien nécessaire de procéder si scrupuleusement au montage d'une machine, et une petite erreur ne finit-elle pas toujours par se corriger par l'usure au bout de quelque temps de marche?*

R. On ne peut apporter trop de soin à un montage, et, quelque précaution que l'on prenne, il se glisse encore souvent des erreurs. Ce sont les défauts dans le montage qui détruisent les machines à vapeur ; une machine parfaitement montée aurait une durée considérable. Une erreur de montage entraine une usure rapide, de grands frottements, des échauffements, des chocs, des bris, et en général plus la machine fonctionne, plus le défaut grandit et en détermine d'autres.

L'importance du bon montage est telle qu'on dit avec raison que le bon monteur fait la bonne machine.

Un bon montage n'exige que des soins et de l'attention ; il n'y a donc pas d'excuse pour un monteur qui a commis une erreur.

61. D. *Quelles sont les négligences commises le plus généralement par les monteurs?*

R. On emploie des règles qui ne sont pas parfaitement droites, des niveaux, des équerres inexacts ; on se sert de la première corde venue pour fil à plomb où pour indiquer des centres, au lieu de ne se servir que de fils bien réguliers et très minces.

Souvent, dans les fils à plomb, le fil n'est pas au centre du plomb, de sorte que la pointe du plomb, en tournant, décrit une circonférence au lieu de tourner sur son centre.

Pour déterminer l'axe d'un cylindre, on place une petite planche d'un côté, on y indique le centre du cylindre ; en ce point on fore un trou, puis on y fait passer un fil ; ce moyen est des plus vicieux, parce qu'en perçant le trou dans la planche l'outil souvent dévie et le trou n'est pas au centre du cylindre ; parce que aussi, le trou étant plus large que la grosseur du fil, ce dernier ne se place pas au centre du trou.

Il y a donc deux causes d'erreur qui, en se réunissant, peuvent amener une erreur considérable.

Il faut faire passer le fil au travers du cylindre ou du trou que l'on veut centrer ; les deux extrémités du fil sont fixées à des points suffisamment éloignés, et c'est avec le compas d'intérieur qu'il faut régler la position du fil. On se contente d'une exactitude approximative alors qu'il faut la perfection, que la plus petite erreur est une erreur trop grande et qu'on doit, s'il le faut, rester une journée pour terminer exactement la position d'un organe, plutôt que quelques minutes pour le placer avec une erreur de 1/4 de millimètre.

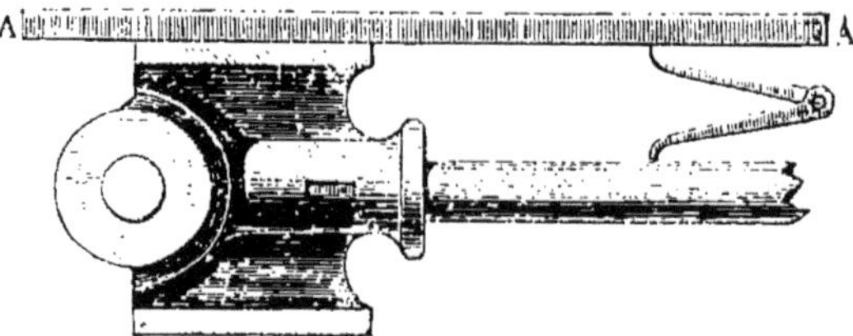

Fig. 18.

Les pointes des compas sont émoussées au lieu d'être aussi bien aiguisées que possible.

Enfin, on lambine certains jours, et, pour compenser le temps perdu, on se hâte, on prend rapidement ses mesures, alors que le montage d'une machine doit s'effectuer avec calme, avec réflexion et qu'on ne doit jamais user d'une dimension qu'après l'avoir prise plusieurs fois.

62. D. *Comment doit-on procéder pour vérifier si un sabot à glissière se trouve dans de bonnes conditions ?*

R. Les deux axes des trous doivent être dans le même plan.

Les surfaces des glissières doivent être parallèles aux plans passant par les deux axes des trous.

Enfin les deux axes des trous doivent être perpendiculaires.

Pour vérifier si les axes des trous sont dans le même plan et dans un plan parallèle au plan des glissières, on procède comme suit :

On laisse la tige du piston emmanchée dans la crosse (fig. 18).

On dispose la règle AA dans la direction de cette tige.

On mesure les distances de la règle à la tige en différents points. Toutes ces distances doivent être égales.

On répète cette opération pour la seconde glissière, qui doit donner le même résultat.

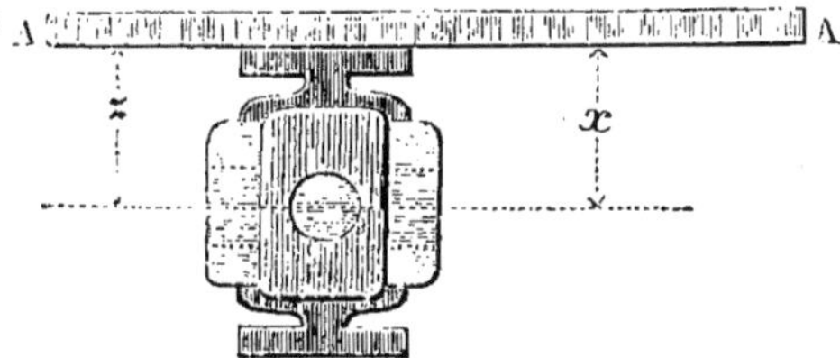

Fig. 19.

On retourne la règle dans un sens perpendiculaire (fig. 19).

On détermine les distances x, z de la règle aux deux centres du trou du pivot ; ces deux distances doivent être égales entre elles et égales aux distances que l'on obtiendrait si on faisait la même vérification en plaçant la règle sur l'autre glissière.

Enfin, pour s'assurer que les deux axes des trous sont perpendiculaires, on place la règle AA (fig. 20) sur la face dressée de la douille de la crosse. On mesure les distances x, z de la règle au centre des trous des pivots ; ces distances doivent encore être semblables.

Au moyen du trusquin et d'une table dressée, la vérification serait plus rapide, mais ces objets ne sont pas ordinairement entre les mains du machiniste.

63. D. *Si l'arbre de la machine était trop avancé ou trop reculé dans le sens de sa longueur, comment le vérifierait-on ?*

R. Ce défaut se présente souvent dans les machines transmettant le mouvement par engrenages coniques ; la réaction qui se produit par ce mode de transmission pousse l'arbre dans un sens ou dans l'autre, suivant la position des engrenages. Pour constater l'importance du défaut, on tend un fil par l'axe du cylindre et on mesure la distance du fil à la manivelle, ou à la bague du pivot, si cette bague existe ; la distance observée doit être

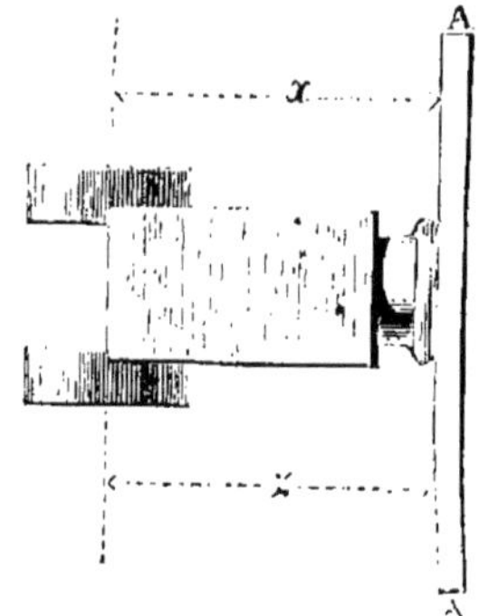

Fig. 20.

égale à celle qui existe entre le centre de la bielle et le bord du coussinet correspondant à la manivelle. On devra tenir compte de l'usure probable du bord du coussinet. Si l'on observe une différence de peu d'importance dans les deux longueurs, on pourra limer sur un des bords du coussinet de façon à permettre à la bielle de reprendre la position qui lui convient.

Si la différence atteignait 2 millimètres, il faudrait déplacer l'arbre et vérifier alors la position de tous les organes calés sur l'arbre.

Si, par la disposition des engrenages coniques, l'arbre tend à s'éloigner de l'axe de la machine, il faut faire adapter une pointe fixe en acier à l'extrémité de l'arbre ; cette pointe s'opposera au déplacement.

Si, au contraire, l'arbre tend à se rapprocher de l'axe de la machine, il n'y a guère d'autre remède que de changer la disposition vicieuse de la transmission du mouvement.

64. D. *Si le pivot de la manivelle n'était pas parallèle à l'arbre de la machine, comment le constaterait-on et comment y remédierait-on ?*

R. Le cas est rare, mais il se présente quelquefois, non par le fait du mauvais alésage du trou, mais par suite du calage de la manivelle. Pour opérer la vérification, on démonte le pivot, on fait passer un fil au travers du trou de la manivelle et par les deux centres de ses orifices.

Le fil, dans cette position, doit être parallèle à l'arbre de la machine. Cette opération est très délicate, attendu que les centres des orifices du trou du pivot étant assez rapprochés, une très petite erreur faite à l'un des centres, ferait considérablement dévier le fil à son extrémité.

Il faudra donc ne se servir que d'un fil très fin, bien tendu, d'un compas d'intérieur avec les pointes aiguisées et ne pas perdre courage, si l'on doit employer plusieurs heures pour arriver à un résultat parfaitement exact. Si l'on constate une erreur, on peut y remédier en faisant tourner ce pivot, en le décentrant d'un côté dans la direction convenable. On ne peut arriver que par tâtonnement à rendre au pivot la direction qui lui convient.

La vérification qui vient d'être décrite est générale, elle s'applique aux différentes formes de pivots.

Si l'on a à vérifier un pivot présentant une surface plane à son extrémité, ainsi que la figure 21 le re-

présente, on appliquera la règle AA sur la surface
plane du pivot, on lui maintiendra sa position et on
fera décrire à la manivelle une demi-circonférence ;
s'il y a erreur dans la position du pivot, elle se manifestera fortement lorsque la manivelle aura occupé la
seconde position indiquée en pointillé sur la figure.

La figure dispense de plus longues explications.

Le pivot, au lieu d'être incliné dans le sens indiqué
par la figure, pourrait être incliné dans un sens per-

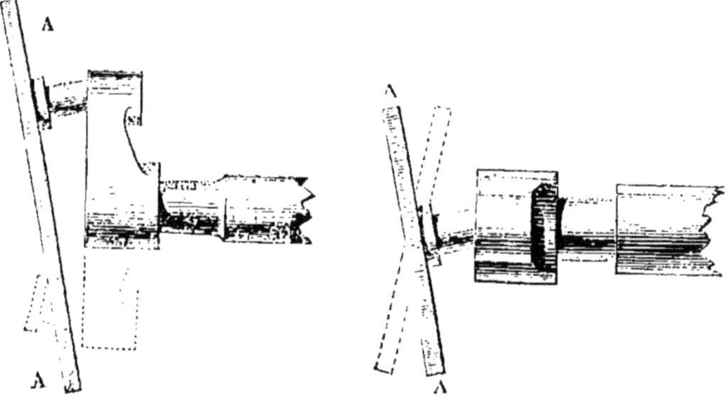

Fig. 21.   Fig. 22.

pendiculaire ; dans ce cas, on placerait aussi la règle
dans un sens perpendiculaire, on maintiendrait la
règle, on ferait décrire à la manivelle une demi-circonférence, on appliquerait une seconde règle sur le
pivot. Dans sa nouvelle position, les deux règles, s'il
y a erreur, présenteraient les directions représentées
à la figure 22 ci-dessus.

65. D. *Si un coussinet s'échauffe et qu'on soit assuré
du bon montage, que devra-t-on conclure?*

R. Que le bronze du coussinet est de mauvaise qualité.

7

Qu'un défaut de soudure s'est manifesté au pivot ou au tourillon.

Que l'huile manque, ou que l'huile est de mauvaise qualité.

Que le coussinet est trop fortement serré.

Que la pression sur le coussinet est trop forte relativement à sa surface.

66. *D. Que devrait-on faire lorsqu'un coussinet s'échauffe?*

R. Desserrer les clefs ou les boulons, sans amener de chocs; vérifier si le coussinet est bien graissé, si le trou à l'huile et les rainures ne sont pas bouchés; examiner si le pivot est en bon état; changer d'huile si l'échauffement continue; enfin, si le coussinet laisse encore à désirer, le remplacer par du bronze dur et employer l'acier trempé pour les pivots et les tourillons, si possible.

67. *D. Quelles sont les conditions que doit remplir un régulateur à force centrifuge?*

R. Les boules ne doivent s'élever que lorsque la vitesse de la machine dépasse la vitesse normale, attendu que si elles s'élevaient plus tôt, l'arrivée de la vapeur au cylindre serait entravée et la machine ne produirait plus le travail qu'elle peut développer.

Les articulations doivent jouer librement, et les boules être d'un poids suffisant pour vaincre les frottements.

On s'aperçoit que les boules sont trop légères ou les frottements trop grands au mouvement saccadé des boules, à l'ascension et à la descente, lors des variations de vitesse de la machine.

Le bourrage de la tige de la valve doit être le plus doux possible; à cet effet, on le renouvellera souvent.

68. D. *Si, dans une machine qui doit fournir 40 révolutions, les boules du régulateur ne se levaient qu'à la vitesse de 42 tours ou qu'elles ne s'élevassent qu'à celle de 38 tours, qu'en conclurait-on?*

R. Dans le premier cas, les bras seraient trop courts ; dans le second cas, ils seraient trop longs.

69. D. *Comment règle-t-on un tiroir de distribution de vapeur?*

R. On détermine d'abord la longueur de la tige du tiroir; pour y arriver, on place l'excentrique à l'extrémité de sa course, et on manœuvre les écrous de rappel jusqu'à ce que le tiroir ait démasqué la lumière correspondante à la position de l'excentrique. On fait décrire à l'estomac de l'excentrique un demi-tour sur l'arbre ; dans cette position, la seconde lumière devra être ouverte. Si cette lumière n'était pas entièrement ouverte, on en conclurait que la course de l'excentrique serait trop petite ; si le contraire avait lieu, c'est-à-dire si le bord du tiroir dépassait la lumière, la course de l'excentrique serait trop grande. Il faudrait alors raccourcir ou allonger la tige du tiroir au moyen des écrous de rappel, de façon à partager la différence observée.

La longueur de la tige étant alors à peu près réglée, on procédera au calage provisoire de l'excentrique; dans ce but, on placera le piston relié à la bielle et à la manivelle à l'extrémité d'une course, puis on fera tourner sur l'arbre l'estomac de l'excentrique dans le même sens que celui à donner à la machine, et jusqu'à ce que la lumière correspondante de la position du piston soit démasquée d'une quantité qui varie suivant la vitesse du piston. Arrivé dans cette position, on cale provisoirement l'estomac de l'excentrique sur l'arbre de la machine.

On fera tourner la machine en agissant sur le volant ou par un autre moyen et on examinera les positions du tiroir aux deux points morts. Ces positions doivent être symétriques. Elles ne le seront pas entièrement après l'opération décrite, et on devra opérer une légère correction en agissant sur les écrous de rappel de la tige d'excentrique. Lorsque après avoir plusieurs fois examiné les positions du tiroir, on leur reconnait une parfaite symétrie, on cale définitivement l'estomac d'excentrique sur l'arbre. Avant de régler une distribution de vapeur, on devra supprimer toute espèce de jeu qui pourrait se trouver aux cercles d'excentriques et aux diverses transmissions de mouvement au tiroir.

70. D. *Comment règle-t-on les tiroirs d'expansion dans le cas de l'expansion par deux tiroirs superposés, de l'expansion Meyer, de l'expansion Farcot?*

R. On dispose d'abord l'estomac de l'excentrique du tiroir d'expansion dans une position absolument semblable à celle affectée par l'estomac de l'excentrique du tiroir de distribution.

Au moyen des écrous de rappel, on amène le tiroir d'expansion au milieu du tiroir de distribution. Dans cette position, la tige de l'excentrique du tiroir d'expansion se trouve presque à la longueur voulue. On se prépare ensuite au calage; dans ce but, on donnera à l'excentrique du tiroir d'expansion une avance dans son mouvement sur l'excentrique du tiroir de distribution, en faisant tourner sur l'arbre l'estomac du premier d'une certaine quantité et dans le sens du mouvement que la machine effectuera.

L'avance plus ou moins grande à donner à l'excentrique du tiroir d'expansion dépendra du degré d'expansion à obtenir; on recherchera cette avance par tâtonnement. Lorsqu'on aura fixé par un calage provisoire la position de l'estomac de l'excentrique, on produira une ou deux révolutions de la machine en agissant sur le volant, et on examinera le jeu des tiroirs. On reconnaîtra que le degré d'expansion n'est pas le même des deux côtés du piston; cette différence provient des diverses inclinaisons de la bielle, inclinaisons qui ne correspondent pas aux espaces parcourus par le piston dans chaque pulsation. Pour arriver à produire la même expansion des deux côtés du piston, on agira sur les écrous de rappel, et, par un léger tâtonnement, on pourra admettre la même quantité de vapeur des deux côtés du piston; alors seulement on calera l'estomac d'excentrique définitivement.

Ainsi qu'il a été dit à la réponse de la treizième question, on ne devra donner qu'une expansion en rapport avec les dimensions du tiroir et veiller à ne pas provoquer des rentrées de vapeur en voulant exagérer l'expansion. Dans l'expansion Meyer, la longueur de la tige se déterminera comme il vient d'être dit. L'estomac de l'excentrique se calera avec une avance dans le sens du mouvement de la machine, sur l'estomac de l'excentrique du tiroir de distribution. Cette avance dépendra de la construction des tiroirs.

L'expansion Farcot se règle par des vis fixées aux deux parties du tiroir; des vis servent aussi à racheter des différences d'expansion qui se manifesteraient des deux côtés du piston, si la came n'était pas parfaitement au centre des lumières du cylindre.

L'expansion *minimum* étant réglée par des vis, une came contre laquelle les vis viennent buter peut augmenter l'expansion en s'inclinant plus ou moins fortement et en arrêtant ainsi plus rapidement les tiroirs d'expansion.

71. D. *Indiquez comment on règle les soupapes d'expansion.*

R. La came qui commande la soupape est calée de telle façon que la soupape s'ouvre au point mort du piston. Cette came est alors construite en vue de maintenir la soupape plus ou moins longtemps ouverte, et d'obtenir une expansion plus ou moins grande.

72. D. *Comment règle-t-on la distribution par coulisse Stephenson et par coulisse de Gooch ?*

R. 1° Pour régler une coulisse Stephenson, il faut d'abord caler provisoirement les deux excentriques, et agir sur le rappel de la tige de glissière, en l'allongeant et la raccourcissant, jusqu'à ce que l'avance soit la même des deux côtés du tiroir lorsqu'on met la manivelle aux deux points morts.

En mettant le levier de changement de marche à fond en avant, on peut régler le calage de la poulie excentrique d'avant de façon à avoir l'avance voulue.

En le mettant ensuite à fond en arrière, on opérera de même pour l'excentrique de la marche en arrière. Mais alors on observera le fait suivant : si les barres d'excentrique ont la disposition de la figure 6, c'est-à-dire sont *droites*, on verra que l'avance *augmente* à mesure qu'on détend, au point de devenir parfois beaucoup trop *grande* pour les points de détente correspondant à la marche habituelle.

On corrigera ce défaut en *diminuant* l'avance pour la marche en arrière dans les machines qui sont destinées à marcher le plus souvent en avant, comme, par exemple, les locomotives à voyageurs.

On sacrifie ainsi plus ou moins la régularité de la distribution pour la marche en arrière, afin de la rendre plus uniforme entre les points de détente dont on se sert d'habitude.

Si les tringles d'excentrique ont la disposition de la figure 7, c'est-à-dire sont croisées, c'est le contraire qui a lieu, l'avance *diminue* à mesure qu'on détend ; il faut alors, pour conserver une avance à peu près uniforme entre les limites de la marche habituelle, *augmenter* l'avance au calage de la poulie excentrique d'arrière.

Il faut encore, après avoir ainsi réglé les avances, raccourcir ou allonger la tige du tiroir pour mettre l'axe de la table de glissière au milieu de la course qu'elle parcourt entre les deux points d'avance.

2o Pour régler la distribution de Gooch, il suffit de donner *successivement* des avances convenables aux deux excentriques et de régler la longueur de la tige du tiroir, puisque l'avance est ici constante.

73. D. *Comment procède-t-on pour régler la distribution de la vapeur dans le cas de l'application de la coulisse Walschaert ?*

R. Pour régler la distribution Walschaert, il y a encore moins à faire, puisque l'avance est donnée par des longueurs fixes de leviers. L'excentrique est calé d'une manière fixe sans avance, c'est pourquoi il est souvent remplacé par une contre-manivelle.

Il suffit donc de toucher au rappel de la tige de glissière, pour qu'au milieu de sa course entre les points d'avance elle soit au milieu de la table.

Il est extrêmement important qu'une machine soit bien réglée, surtout au point de vue de la consommation de combustible. Aussi il serait à désirer qu'on pût voir continuellement, sur des repères tracés sur la tige du tiroir et glissant devant une règle fixe, toutes les circonstances de la distribution, et de pouvoir ainsi remédier aux défauts sans démonter les couvercles de chapelle.

74. D. *Décrivez une pompe alimentaire et indiquez comment cet appareil fonctionne.*

R. Nous prendrons l'exemple d'une pompe verticale. Cet appareil se compose ainsi :

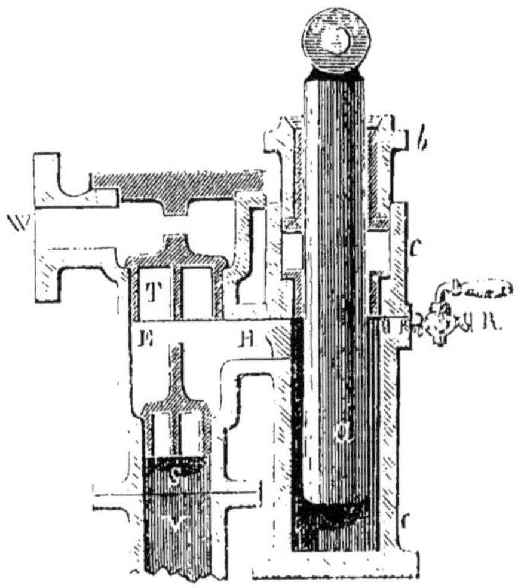

a piston.

b boîte à bourrage.

c corps de pompe

E chapelle à soupapes.

S soupape d'aspiration.

T soupape de refoulement.

R robinet purgeur.

R tuyau aspirant.

W tuyau refoulant.

H conduit reliant la pompe à la chapelle.

Fig. 23.

Supposons le piston à la fin de sa course, tel que la figure le représente ; en s'élevant, le piston produira une dépression de l'air dans la pompe, et l'air contenu dans le tuyau V, sous l'influence de la pression atmosphérique extérieure, soulèvera la soupape S et s'introduira dans la pompe ; lors du refoulement, la soupape

S se fermera, l'air sera comprimé, il soulèvera alors la soupape T et sortira de la pompe par le tuyau W.

Une série de coups de piston finira par enlever l'air contenu dans le tuyau V. Ce tuyau étant plongé dans l'eau, l'eau s'élèvera dans le tuyau au fur et à mesure que l'air en sortira; bientôt cette eau arrivera dans la pompe, où elle se comportera comme l'air s'y comportait un instant auparavant.

Remarquons en passant quel circuit long, tortueux l'eau doit parcourir en pénétrant dans une pompe, et ne négligeons rien dans la construction de ces appareils pour faciliter le mouvement de l'eau. C'est ainsi que nous établirons de grandes soupapes; la partie annulaire entre le piston et le corps de pompe devra avoir une section suffisante, les raccordements du conduit H à la pompe et à la chapelle seront arrondis. Ce tuyau aura au moins la section du piston.

75. D. *Comment procède-t-on à la mise en train d'une pompe alimentaire bien construite?*

R. On ouvre doucement le robinet d'alimentation sur les chaudières, on ferme le robinet purgeur, et l'on donne le mouvement au piston de la pompe, si ce mouvement était arrêté.

Si la pompe est dans de très bonnes conditions, elle fonctionnera après quelques coups de piston.

Si elle ne fonctionnait pas, on ouvrirait le robinet purgeur après avoir, au préalable, appliqué le doigt mouillé sur l'ouverture du robinet. Le doigt sera successivement attiré ou repoussé suivant le mouvement du piston; à chaque refoulement, le doigt sera écarté pour livrer passage à l'air comprimé dans la pompe; on devra se prêter à la sortie de l'air et se garder de laisser rentrer l'air dans la pompe, lors de l'aspiration.

Après quelques coups de piston, l'eau jaillira par le robinet purgeur ; on fermera ce dernier, et la pompe fonctionnera.

L'opération qui vient d'être décrite a simplement pour but de faciliter la sortie de l'air contenu dans la pompe.

Cet air y tient la place de l'eau et empêche cette dernière de pénétrer dans la pompe.

Lorsque les pompes se trouvent installées dans les meilleures conditions, c'est-à-dire lorsque l'aspiration est peu profonde, lorsque la construction est parfaite, lorsque la soupape de refoulement T (fig. 23) ne supporte pas une grande pression, l'air sort de la pompe par la soupape T à chaque compression donnée par le piston, et les pompes fonctionnent sans qu'il soit nécessaire de recourir à un moyen artificiel pour provoquer l'évacuation de l'air de la pompe.

Mais, si l'on suppose une aspiration profonde, une pression relativement considérable sur la soupape de refoulement T, il pourra se faire que l'air contenu dans la pompe et dans la chapelle, entre les deux soupapes, ne puisse être comprimé, lors du refoulement du piston, à une pression suffisante pour soulever la soupape de refoulement T. Alors, l'air n'ayant pas d'issue reste dans la pompe ; il est soumis à une suite de dilatations et de compressions successives, et le vide ne pouvant se produire, l'eau n'est pas aspirée.

On conçoit qu'en facilitant la sortie de l'air de la pompe au moyen du robinet purgeur, on puisse déterminer la mise en train de la pompe. Remarquons ici que le robinet purgeur devra toujours se placer à l'endroit où l'air s'accumule dans la pompe, afin qu'il puisse avoir son effet complet.

Si la pompe était d'un fort calibre, le robinet purgeur aurait une ouverture trop large pour être fermée avec le doigt ; il faudrait alors manœuvrer le bouchon du robinet de façon à faire sortir l'air comprimé à chaque refoulement du piston et à empêcher l'air extérieur d'entrer dans la pompe, lors de l'aspiration.

76. D. *Quelles sont les causes les plus généralement observées qui peuvent entraver la bonne marche d'une pompe ?*

R. 1° Des entrées d'air par les tuyaux aspirants ou par le bourrage ;

2° Des fuites aux soupapes ;

3° L'échauffement de la pompe par une cause quelconque ;

4° Une mauvaise construction.

77. D. *Comment découvre-t-on ces différents défauts ?*

R. 1° Les rentrées d'air par les tuyaux aspirants et les bourrages se constatent par le bruit qu'elles produisent, par le suintement de l'eau, par la formation de globules d'air aux bourrages, lors du refoulement. Il est bon, pendant la vérification, de faire fonctionner la pompe aussi vite que possible, afin d'accentuer plus fortement le bruit produit par les rentrées d'air.

2° Les fuites aux soupapes se constatent comme suit :

Si les fuites se présentent à la soupape de refoulement T (fig. 23), l'eau sortira par le robinet purgeur ouvert, soit que le piston de la pompe fonctionne ou qu'il soit en repos, et pourvu que le robinet alimentaire soit ouvert.

Si l'eau descend dans la colonne aspirante, lorsque la pompe ne fonctionne pas, et qu'on est assuré qu'il n'y a pas de rentrée d'air par les tuyaux et par le bourrage, on a un signe certain que la soupape d'aspiration est défectueuse. Lorsque, pendant le mouvement du piston, le doigt appliqué sur le robinet purgeur sera continuellement aspiré, on en conclura que l'aspiration est vicieuse, et le défaut se rencontrera à la soupape d'aspiration ou aux tuyaux.

3° Si la pompe est chaude, elle pourra ne pas fonctionner, parce qu'il se formera de la vapeur entre les deux soupapes et dans le corps de pompe, et cette vapeur ne permettant pas d'arriver à une dépression suffisante, s'opposera à l'aspiration de l'eau. Il faudra alors refroidir la pompe en l'aspergeant d'eau froide et en lui faisant aspirer de l'eau froide par le robinet purgeur. L'échauffement de la pompe se produit lorsque les soupapes sont défectueuses ; l'eau d'alimentation qui s'est échauffée traverse les soupapes et s'écoule par le tuyau d'aspiration.

4° Si l'on est assuré du bon état des joints, des tuyaux, du bourrage, des soupapes, la pompe pourra encore être entravée dans sa marche par sa mauvaise construction.

Les défauts les plus communs sont :

a) Trop peu de jeu entre les branches de la soupape et son siège ;

b) La soupape d'aspiration placée trop haut, eu égard au tuyau qui relie la chapelle à la pompe ;

c) Trop ou trop peu de course aux soupapes ;

d) Le tuyau de refoulement disposé de façon à permettre l'accumulation de l'air dans la pompe ;

e) Le robinet purgeur mal placé.

Si les soupapes ne jouent pas librement, elles pourront ne pas fonctionner.

Si la soupape d'aspiration est placée trop haut, eu égard au tuyau de refoulement, l'eau, lors du refoulement, maintiendra la soupape ouverte et retournera en partie par le tuyau d'aspiration.

S'il y a trop de course, les soupapes peuvent sortir de leurs siéges et se renverser dans la chapelle.

S'il y a trop peu de course, l'ouverture donnée par les soupapes ne sera pas suffisante pour donner passage à la quantité d'eau voulue.

Il suffit que la hauteur de levée soit égale au quart du diamètre.

Si le tuyau de refoulement n'est pas placé aussi près du bourrage que possible, si, par exemple, il affecte la position représentée figure 23 en a, l'air s'accumulera dans l'espace annulaire c c et ne pourra se dégager. Cet air se comprimera et se dilatera successivement suivant le mouvement du piston, il empêchera de produire dans la pompe un vide suffisant et l'eau ne sera pas aspirée. On dit alors qu'il se forme des coussins d'air dans la pompe. On y remédie en plaçant des robinets purgeurs. Ces derniers doivent toujours se placer où l'air peut s'accumuler. Un robinet placé en D, par exemple, n'aurait aucun effet.

78. D. *Le bourrage des pompes est-il le même que celui destiné à la vapeur?*

R. Il faut se garder de graisser les bourrages des pompes ; la graisse ou l'huile s'introduisant dans les soupapes, ces dernières adhèrent alors à leurs siéges ; il s'y fixe aussi les impuretés amenées par l'eau.

Le caoutchouc peut être employé avec avantage pour les bourrages des pistons des pompes.

79. D. *Quels sont les appareils qu'il conviendrait d'adapter à chaque pompe ?*

R. Une soupape de retenue au bas du tuyau aspirant;
Une soupape de sûreté sur le tuyau alimentaire.

80. D. *Décrivez l'appareil Giffard et la manière dont il fonctionne.*

R. Supposons une chaudière en pression, munie d'un clapet visible à l'extérieur et pouvant s'ouvrir en dedans, de sorte que la pression intérieure le tienne fermé. Si nous lançons contre ce clapet le jet d'eau qui sort de la lance d'une pompe à incendie, on comprend facilement que, si la vitesse de ce jet est assez grande, le clapet sera soulevé et de l'eau entrera dans la chaudière.

C'est le principe de l'*injecteur Giffard;* il ne s'agit que d'avoir un jet d'eau d'une vitesse très grande. On l'obtient comme suit (voir fig. 24) :

Le tuyau L, fixé sur la chambre de vapeur, permet d'en amener, par le robinet R, dans l'espace creux cc, fermé par un bouchon conique t, nommé *la lance*, et qui se manœuvre par la manivelle m.

Si l'on ouvre la lance, la vapeur entre dans l'espace E, y fait le vide et y aspire par le tuyau T l'eau du réservoir d'alimentation.

Cette eau, *qui doit toujours être froide,* condense la vapeur et s'échauffe par suite de ce mélange, mais la masse de vapeur n'a pas pour cela perdu la vitesse énorme qu'elle avait en sortant de la chaudière ; elle la communique à toute la masse d'eau, et celle-ci possède alors assez de vitesse pour soulever la soupape S et entrer dans la chaudière.

Pour mettre l'appareil en train, on ouvre d'abord le robinet R, puis on ouvre très peu la lance jusqu'à ce que la vapeur ait aspiré de l'eau en E et E'. On le reconnaît à ce qu'il en sort par le tuyau de décharge T'.

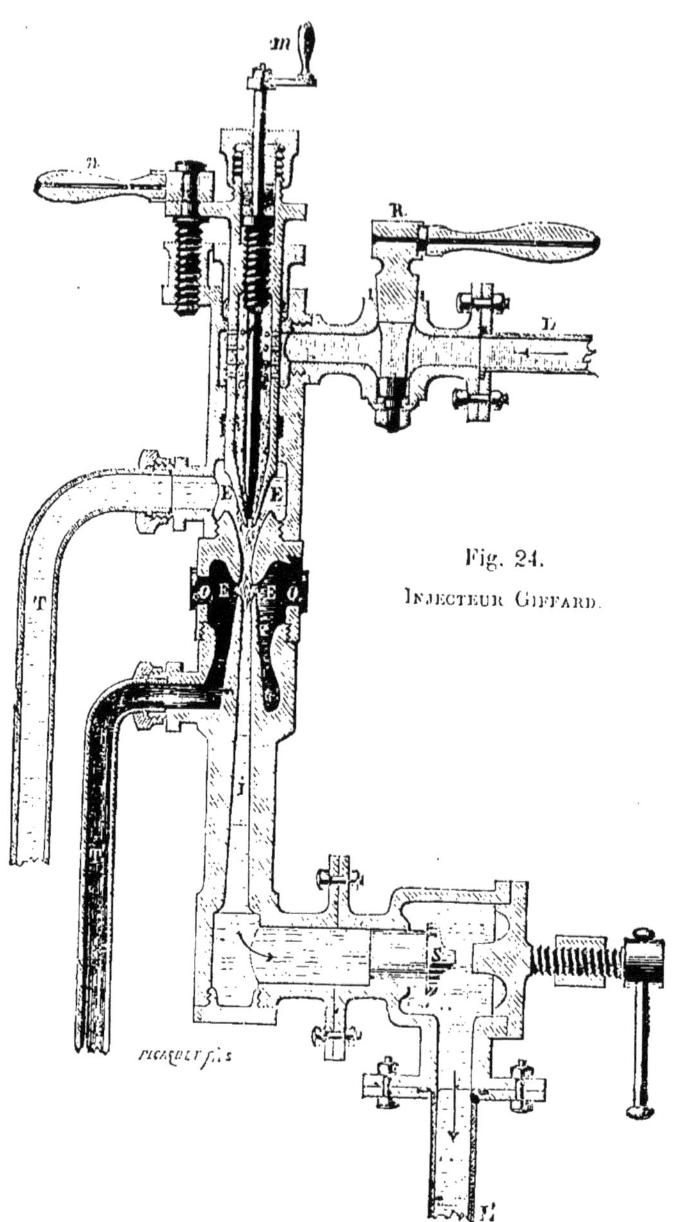

Fig. 24.

Injecteur Giffard.

Alors on ouvre tout à fait la lance et l'alimentation a lieu, en faisant un bruit particulier, dû au choc de la vapeur et de l'eau, et qui permet de reconnaître, quand on y est habitué, que l'injecteur fonctionne bien. On peut voir alors par les regards O le jet d'eau passer à l'air libre du tuyau *d* dans le tuyau 1 qui va à la soupape.

81. D. *Quelles sont les causes qui peuvent entraver la bonne marche de l'injecteur Giffard?*

R. Pour qu'il fonctionne bien, il faut qu'il s'amorce tout de suite, et que, en marche, il ne s'écoule pas une goutte d'eau par la décharge T'.

Il ne fonctionne pas bien quand le tube *cc*, qui amène la vapeur, est trop ou trop peu engagé dans le tuyau *d*; on doit *régler* cet écartement au moyen de la manivelle *n*, selon la pression dans la chaudière.

Les bourrages sont une des principales causes de dérangement. Les meilleurs sont en caoutchouc, et, pour les conserver, il est essentiel de tenir le robinet R toujours fermé quand l'appareil ne fonctionne pas. Beaucoup de chauffeurs le laissent toujours ouvert et se contentent de fermer la lance *t*; mais il est évident qu'ainsi celle-ci peut d'abord se ronger beaucoup et ne plus fermer, et qu'ensuite les bourrages sont bien plus exposés, étant toujours tenus à la pression de la chaudière dans de l'eau ou de la vapeur.

Il peut encore arriver que la soupape S reste levée; on voit alors *l'eau de la chaudière* sortir par les regards O. Il faut, pour y porter remède, avoir un robinet de sûreté placé sur le tuyau L' près de la chaudière.

Enfin une aspiration trop longue, ou de l'eau aspirée trop chaude, peut encore entraver la bonne marche de l'injecteur.

82. D. *Comment constate-t-on la bonne marche d'un condenseur ?*

R. Au moyen d'un appareil appelé indicateur du vide.

83. D. *Si l'indicateur du vide indiquait un vide trop imparfait, que ferait-on ?*

R. Le défaut peut provenir de la pompe à air ; d'une fuite qui permettrait des rentrées d'air ; d'un défaut à la distribution de vapeur au cylindre ; d'une entrave à la libre arrivée de l'eau par le tuyau d'injection ; d'une construction défectueuse de l'appareil condenseur.

Les défauts que peut présenter la pompe à air sont à peu près les mêmes que ceux observés dans les autres pompes ; ils se manifestent aux bourrages, aux soupapes, au piston.

On doit bien entretenir les bourrages, et, à cet effet, les renouveler souvent. Les soupapes laissent généralement peu à désirer à cause de leur mode de construction, si ce n'est par suite d'un trop long service ; dans ce cas, le défaut est très visible.

Quant au piston, il doit être examiné plus ou moins souvent ; l'expérience fixera le machiniste à cet égard.

Si la distribution de vapeur est vicieuse, il pourra être admis au cylindre une quantité de vapeur trop grande, eu égard aux dimensions de l'appareil condenseur. On s'apercevra bientôt de ce défaut par une augmentation sensible dans la consommation de combustible, et par une plus grande ouverture qu'il sera nécessaire de donner au robinet d'injection.

Les rentrées d'air devront être évitées avec soin ; elles pourront se produire aux joints, aux bourrages ou par une fissure. Ces rentrées d'air ne sont pas seulement à craindre au condenseur, mais aussi au tuyau de décharge de la vapeur et au cylindre.

Elles se manifestent par le bruit qu'elles produisent, à moins qu'elles ne soient très peu importantes ; dans ce dernier cas, il faut beaucoup d'attention pour les découvrir.

Le tuyau d'injection peut s'obstruer et alors ne pas donner passage à la quantité d'eau voulue pour une bonne condensation. L'eau destinée à la condensation devra donc être à l'abri de toute impureté.

Enfin, si l'appareil est vicieux par sa construction, ses vices se sont manifestés dès la mise en train de l'appareil.

C'est au constructeur de la machine qu'il convient de s'adresser pour remédier au mal.

Ainsi qu'on l'appréciera, la marche défectueuse de la condensation peut être amenée par des causes très diverses, et l'on ne peut pas toujours les déterminer à' première vue.

Il faut procéder par tâtonnement; l'observation et l'expérience réduiront les tâtonnements.

Nous ajouterons que, suivant l'état des eaux, le condenseur s'envase plus ou moins rapidement ; les nettoyages ne devront pas être négligés, parce que les dépôts formés par les eaux diminuent la capacité du condenseur et s'opposent à la bonne marche de la pompe à air.

84. D. *Comment s'opère le graissage dans les machines à vapeur ?*

R. Le meilleur graissage est le graissage continu.

Il s'obtient facilement par des boites à mèche de coton.

Toutes les machines ne sont pas pourvues de ces

graisseurs ; il faut y suppléer par un graissage modéré et souvent répété.

Une grande quantité d'huile, versée à la fois sur un tourillon ou une surface frottante quelconque, ne fait pas un meilleur effet que la quantité d'huile strictement nécessaire ; tout excès d'huile se répand en pure perte et salit les appareils. Un graissage bien pratiqué économise l'huile et maintient les organes en bon état.

85. D. *Quels sont les indices presque certains que présente une huile de bonne qualité?*

R. L'huile de bonne qualité doit être bien claire, sans dépôts, très onctueuse ; étendue sur un objet en fer exposé à l'air pendant longtemps et à l'abri des poussières, elle ne doit pas se dessécher.

Cette dernière épreuve est presque concluante.

Si l'huile se dessèche après quelques jours d'exposition à l'air, elle doit être rejetée.

L'importance d'une bonne qualité d'huile est très grande ; elle diminue considérablement les frottements et assure une longue durée aux organes.

Si l'on s'était servi d'une mauvaise huile, il faudrait graisser largement avec une huile de bonne qualité pendant un jour ou deux, afin d'entraîner l'huile défectueuse, dont l'influence pourrait persister longtemps, sans cette dernière précaution.

V

Arrêt des machines.

86. D. *Comment doit-on procéder pour arrêter la marche d'une machine à vapeur?*

R. On ferme la prise de vapeur sur les chaudières,

on ferme le robinet d'injection du condenseur si la machine est à condensation, on ouvre les robinets purgeurs, enfin on ferme le modérateur de la machine.

87. D. *Pourquoi ferme-t-on la prise de vapeur sur les chaudières; n'est-il pas suffisant de fermer seulement le modérateur de la machine ?*

R. Il est nécessaire de fermer d'abord la prise de vapeur sur les chaudières, afin d'éviter la condensation continuelle de la vapeur dans les tuyaux ; l'eau de condensation serait une entrave à la mise en train, elle pourrait se congeler en hiver et entraîner des bris.

Enfin, par malveillance ou distraction, on pourrait, en agissant sur le modérateur de la machine, provoquer la mise en marche de cet appareil dans un moment inopportun et déterminer des accidents graves.

88. D. *Pourquoi doit-on se hâter de fermer le robinet d'injection du condenseur, lors de l'arrêt des machines ?*

R. Parce que, à cause du vide qui s'est produit dans le condenseur, dans le tuyau de décharge de la vapeur, et dans la partie du cylindre correspondante à la décharge, l'eau pourrait continuer à être aspirée dans le condenseur, puis gagner toute la capacité où règne le vide et arriver ainsi au cylindre, où elle déterminerait des chocs violents lors des mises en train.

L'ouverture des robinets purgeurs, en permettant les rentrées d'air, préviendrait les accidents. On ne doit pas avoir une confiance entière dans ces robinets, parce qu'ils peuvent s'obstruer.

D'autres fois, et le cas se présente souvent dans les machines verticales, il n'existe qu'un robinet purgeur au cylindre. Enfin, dans les machines à enveloppe, avec circulation de vapeur, les robinets purgeurs ne desservent quelquefois que l'enveloppe et, dans ce cas, ils n'auraient aucun effet sur l'aspiration de l'eau.

Dans tous les cas, il sera prudent de contracter l'habitude de fermer le robinet d'injection lors de l'arrêt des machines.

89. D. *N'y a-t-il pas, en hiver, des précautions spéciales à prendre après avoir arrêté la machine ?*

R. Il faut avoir soin de purger parfaitement l'eau et la vapeur qui pourraient se trouver dans les tuyaux et appareils exposés à la gelée.

90. D. *Au point de vue des réparations à effectuer après l'arrêt des machines, comment procède-t-on ?*

R. Il faut démonter, avant le refroidissement, les pièces à réparer ou à vérifier et qui sont en contact avec la vapeur. Sans cette précaution, il est presque toujours impossible de démonter les boulons sans les briser.

91. D. *Quand doit se faire le principal nettoyage des pièces de la machine ?*

R. Aussitôt après l'arrêt, parce que toutes les pièces. encore chaudes, sont plus faciles à nettoyer.

92. D. *Si le chômage devait durer plusieurs jours, quelles seraient les précautions à prendre après l'arrêt de la machine ?*

R. Il faudrait démonter le piston et les tiroirs, graisser toutes les parties polies avec un mélange de graisse et de couleur blanche, de façon à prévenir toute oxydation.

VI

PARTICULARITÉS DES MACHINES SPÉCIALES

1° Machines d'extraction.

93. D. *Est-il des précautions spéciales à observer pour la mise en train de machines d'extraction ?*

R. La mise en marche a lieu comme dans les autres machines ; elle est facilitée par la faculté de distribuer la vapeur des deux côtés du piston et de produire un mouvement de va-et-vient dans la machine, sans exiger une révolution complète ; ce mouvement permet de purger rapidement les eaux et d'échauffer le cylindre en peu de temps.

94. D. *La conduite des machines d'extraction diffère-t-elle de celle des autres machines ?*

R. Non ; seulement comme il est avantageux, sous le rapport de l'économie de combustible, de faire fonctionner les machines avec la plus grande détente possible, et que la coulisse qui produit le changement de marche permet aussi de varier la détente, il sera convenable de marcher toujours avec le modérateur complètement ouvert et de modérer la vitesse de la machine au moyen des différentes positions de la coulisse. Si ce procédé, bien simple à mettre en pratique, était toujours observé, on réaliserait de notables économies de combustible, économies qui dépasseraient toujours 30 pour 100.

95. D. *Eu égard aux accidents graves qui pourraient résulter du bris de certaines pièces de la machine d'ex-*

traction, n'est-il pas nécessaire de veiller spécialement à la bonne conservation des organes?

R. Tout bris qui peut enlever au machiniste la faculté de manœuvrer la machine, peut avoir des conséquences désastreuses, parce qu'alors la machine, n'obéissant plus à l'action de la vapeur dirigée par le machiniste, est entraînée par le poids de la matière élevée; sa vitesse augmente à chaque tour et, après quelques révolutions, le puits, la machine peuvent être en partie détruits. Souvent aussi a-t-on à déplorer la mort de plusieurs ouvriers.

Nous citerons les bris qui peuvent déterminer les plus graves accidents et qui se présentent le plus souvent; ce sont : la rupture d'un tuyau à vapeur, d'une tige d'excentrique, de la manivelle, d'un pivot de la bielle, d'un engrenage, du piston à vapeur.

On devra donc entretenir spécialement les machines d'extraction dans le plus grand état de propreté, afin de pouvoir constater un défaut dès sa naissance; les tuyaux à vapeur défectueux seront proscrits; on devra se garder de faire fonctionner les machines à contre-vapeur, sauf dans les cas exceptionnels, parce que, dans beaucoup de machines, la contre-pression pourrait faire écarter violemment le tiroir de la table et déterminer la rupture de la tige du tiroir ou plier cette tige.

96. D. *Dans quel cas travaille-t-on à contre-vapeur?*

R. C'est lorsque les diamètres des bobines sont mal déterminés, ou lorsqu'on veut faire descendre des charges, ou enfin lorsqu'on veut arrêter rapidement la machine.

97. D. *Le travail à contre-vapeur est donc quelquefois nécessaire?*

R. Non ; si ce travail est exigé par suite d'un défaut dans le diamètre des bobines, il faut en faire part à un ingénieur qui déterminera le diamètre à donner aux bobines, afin d'arriver à l'équilibre, et se hâter alors, après l'avis de l'ingénieur, de remédier au mal.

Si l'on doit laisser descendre des charges, ou arrêter brusquement la machine, il faut faire usage du frein appliqué sur l'arbre des bobines.

Si la machine n'a pas de frein, on doit mettre sa responsabilité à couvert en signalant le défaut à ses chefs et en refusant même d'opérer un travail dangereux.

98. D. *Quels sont les appareils de sûreté que devraient posséder les machines d'extraction ?*

R. Une sonnerie pour avertir le machiniste de l'arrivée des cages au pas de bure ;

Un frein à main sur le volant, si cet organe existe ;

Un frein puissant sur l'arbre des bobines ;

Un évite-molettes, afin d'arrêter la machine avant que la cage arrive aux poulies dites molettes.

99. D. *Quelle est l'étendue de la responsabilité du machiniste qui conduit une machine d'extraction ?*

R. Sa responsabilité est presque illimitée.

Continuellement avec la machine, il fait pour ainsi dire corps avec elle ; il en apprécie les côtés faibles ; il ne se produit pas la moindre usure, le plus petit défaut, des vibrations anormales, un choc inusité, une petite modification dans la marche, à l'arrêt ou au départ de la machine, enfin il ne se manifeste pas la plus petite variation dans l'appareil sans que le machiniste s'en aperçoive, s'il est intelligent et capable. Il peut donc presque toujours prévoir les accidents et les éviter. Toujours attentif par état, il ne peut invoquer d'excuse pour les accidents qui pourraient résulter d'une distraction ; comprenant sa mission, il doit réclamer les appareils de sûreté nécessaires, et, à leur défaut, ne pas exécuter des manœuvres qui pourraient entraîner des accidents.

2° **Machines d'épuisement**.

100. D. *Comment s'opère la mise en train des machines d'épuisement à mouvement alternatif ?*

R. Les grandes dimensions du cylindre et du piston, autorisant à croire à des retraits inégaux, lors du refroidissement des pièces moulées à la fonderie, on devra produire l'échauffement de ces organes avec précaution.

Le machiniste, en agissant sur les leviers, provoquera de petites courses, afin de bien abreuver les pompes ; il augmentera les courses petit à petit et ne laissera fonctionner la machine sans son aide, que lorsqu'il sera assuré que tout est en bon état.

101. D. *Quelles sont les causes des accidents qui se manifestent le plus souvent dans les machines d'épuisement à mouvement alternatif ?*

R. Une fermeture tardive de la soupape d'admission de vapeur peut emporter le piston contre le couvercle du cylindre.

Une marche à humage entraîne des retombées de maîtresse-tige toujours dangereuses.

La marche à humage peut se produire soit par l'épuisement des pahages, soit par un accident arrivé à une pompe, tel que : enclouage d'une soupape, rentrées d'air, bris d'un tuyau, d'une porte de chapelle, etc.

Un accident au jeu de fer peut avoir les plus funestes conséquences.

En raison des grandes masses en mouvement que présentent les machines d'épuisement à mouvements alternatifs et de la liaison qui existe entre tous les organes, les accidents, lorsqu'ils se produisent, sont presque toujours très graves.

102. D. *Peut-on éviter ces accidents?*

R. Par une attention continue et une grande assiduité auprès de la machine, on évitera la marche à humage et on pourra réduire l'importance des chocs résultant d'une trop longue admission de vapeur, en agissant convenablement sur les leviers du jeu de fer. Le machiniste ne devra donc quitter les fers que dans les cas urgents. Par une inspection attentive et souvent répétée des organes et par un grand état de propreté, on préviendra des ruptures qui pourraient compromettre l'existence de la machine.

103. D. *Quelles sont les particularités de la mise en train et de la conduite des machines d'épuisement à rotation?*

R. Ces machines étant toujours chargées, la mise en train eût été pénible, sans l'addition d'un petit appareil pour la distribution de vapeur au cylindre, qui se manœuvre facilement et rend extrêmement simple la mise en train des machines, même les plus puissantes.

Si la machine n'a pas de régulateur, le machiniste ne doit l'abandonner qu'en cas de grande nécessité, attendu que si, par un défaut à une pompe, la machine venait à être déchargée et par suite à s'emporter, elle pourrait entrainer la destruction complète de l'appareil et même du puits d'épuisement.

104. D. *Que remarque-t-on spécialement dans la mise en train et la conduite des locomotives ?*

R. Peu de précautions suffisent pour la mise en marche des locomotives en dehors de celles qu'exige leur service spécial. Il faut veiller à ce que la chaudière soit suffisamment pleine d'eau, au moment de l'allumage, visiter soigneusement tous les appareils indicateurs de niveau et de pression, inspecter et graisser toutes les parties frottantes du mécanisme ; ouvrir les robinets purgeurs, quand on se met en marche.

En route, marcher avec le modérateur large ouvert et détendre autant que possible.

Remettre le levier à fond et ouvrir les purgeurs chaque fois qu'on cesse d'admettre de la vapeur avant les arrêts. Enfin, visiter et graisser, à chaque arrêt qui le permet.

Les *accidents aux foyers* sont très peu nombreux. La chute des barreaux de grille ou d'un paquet de barreaux, pendant qu'on pique le feu, peut être facilement réparée dans les foyers de machines fixes. On replace les barreaux tombés en ayant soin de modérer le tirage (fermer le registre).

Les chaudières présentent quelquefois des fuites qu'on peut supprimer en rematant les joints ou les **rivets qui perdent.**

Les chaudières tubulaires laissent parfois fuir l'eau autour des tubes. Il faut remater avec la plus grande précaution, pour ne pas ébranler les tubes voisins.

Il arrive parfois qu'un tube crève en marche ; il faut alors se hâter, si la longueur du foyer le permet, de chasser un tampon de bois ou de fer à chaque extrémité du tube crevé, à moins qu'on ne puisse arrêter la machine et éteindre le feu.

Dans les chaudières qui ont des parois planes entretoisées, il faut s'assurer souvent par le son que les entretoises rendent au marteau qu'elles ne sont pas brisées.

Presque tous les accidents aux machines exigent l'arrêt et une réparation pendant un chômage.

ANNEXE

105. D. *Quelles sont les matières employées pour les joints destinés aux appareils contenant la vapeur ?*

R. Le mastic serbat, le mastic diamant, le caoutchouc, le minium, les rondelles métalliques entourées de chanvre imbibé de minium, la toile ou le papier recouverts de minium, des feuilles de plomb découpées suivant la forme du joint, des fils de cuivre contournés suivant les surfaces à réunir et dont les deux extrémités sont soudées ensemble, le mastic de fer.

106. D. *Dans quels cas emploie-t-on ces différentes matières ?*

R. Le mastic serbat et le mastic diamant s'emploient pour des joints aux cylindres et aux chapelles, et pour ceux exposés à la chaleur de la vapeur.

Les surfaces à réunir par le mastic serbat doivent présenter un assez grand contact; elles doivent être bien planes et être munies de rainures. Le mastic doit être bien battu jusqu'à ce qu'il ait acquis la consistance d'une pâte molle. Afin d'éviter la sortie du mastic lors du serrage des joints, on mélangera au mastic du chanvre haché, ou on y intercalera, sur tout le pourtour du joint, une corde fine. Ces dernières précautions ne sont pas nécessaires pour le mastic diamant.

Le caoutchouc peut être employé pour tous les joints, sauf ceux exposés à une forte chaleur. Son prix assez élevé en limite souvent l'usage. Il doit être surtout employé pour les conduites de tuyaux, les joints aux condenseurs, ceux soumis à des vibrations, à des démontages fréquents, pour les trous d'hommes sur les chaudières, enfin pour les joints peu accessibles.

Le joint en caoutchouc est surtout parfait sur les surfaces planes à rainures. Le caoutchouc s'engage dans les rainures, et il se maintient à la place assignée. Il n'est pas prudent d'employer le caoutchouc pour l'assemblage des tuyaux ayant des côtes aux collets ; les côtes coupent le joint, et si le joint n'est pas parfaitement centré, sa largeur au point coupé peut être trop petite pour s'opposer aux fuites de la vapeur.

Le minium, la toile ou le papier recouverts de minium conviennent très bien pour les grands joints plats à surfaces dressées des couvercles de cylindres et des chapelles. Si on emploie le minium seul, il doit être sous forme de couleur épaisse ; les surfaces à réunir doivent présenter des rainures. On doit s'assurer que le minium ne contient aucun corps dur et d'un volume qui s'opposerait au contact des surfaces. La falsification du minium rend cette dernière précaution nécessaire.

Les rondelles métalliques, entourées de chanvre recouvert de minium, s'emploient pour les tuyaux dont les collets présentent des côtes. Ce joint est disgracieux à cause de son épaisseur, il ne résiste guère aux vibrations, il est coûteux à cause de la main-d'œuvre qu'il nécessite. On fera bien d'enlever les côtes aux tuyaux et de faire usage des joints en caoutchouc.

Les feuilles de plomb ne sont pas recommandables : le plomb conserve l'empreinte qu'il a reçue, il ne présente pas d'élasticité, il est petit à petit attaqué par la vapeur et des fuites se manifestent rapidement. De plus, eu égard à la main-d'œuvre et au déchet que l'on obtient en coupant les joints dans une feuille de plomb, ce joint est d'un prix élevé. Les fils de cuivre sont employés pour des joints circulaires des tuyaux et des couvercles de cylindres. Il faut avoir soin de faire le premier joint le plus grand possible, contre les boulons de serrage, parce que, lorsqu'il se manifeste une fuite, la vapeur ronge les surfaces du joint à l'endroit de la fuite : il faudra alors faire un second joint plus petit que le premier, de façon à laisser la partie rongée à l'extérieur du joint. Après une série de joints, on devra faire dresser les surfaces. L'inconvénient du joint au fil de cuivre ressort de sa description.

Le mastic de fer est employé pour des joints à surfaces irrégulières, pour l'assemblage des tuyaux à moufles, pour le raccordement des cuissarts aux chaudières. On doit éviter ces joints, qui ne présentent pas d'élasticité, résistent mal aux vibrations et aux dilatations ; de plus, ils demandent une main-d'œuvre coûteuse.

Ils devront aussi être rejetés pour tous les joints qui doivent se démonter souvent.

107. D. *Quels sont les joints employés pour les appareils contenant de l'eau ?*

R. Le caoutchouc, le minium, les rondelles métalliques entourées de chanvre imbibé de minium, la toile ou le papier recouverts de minium, les feuilles de plomb découpées suivant la forme du joint, les fils de cuivre, le mastic de fer.

108. D. *Dans quels cas emploie-t-on ces différents joints?*

R. Le caoutchouc doit être préféré.

Les rondelles métalliques entourées de chanvre imbibé de minium sont des joints coûteux, disgracieux, d'une durée limitée.

Le minium, la toile et le papier avec minium ne peuvent s'employer que pour les parties bien serrées et on doit laisser sécher le joint avant de le rendre actif.

Les feuilles de plomb pourront être employées avec avantage; elles ne présentent pas pour l'eau les mêmes inconvénients que pour la vapeur.

Il en est de même des fils métalliques : ces derniers peuvent être recommandés.

On devra autant que possible éviter le mastic de fer.

Le mastic serbat, ne se consolidant que par la chaleur, devra être écarté pour tous les joints froids ou à température peu élevée.

FIN

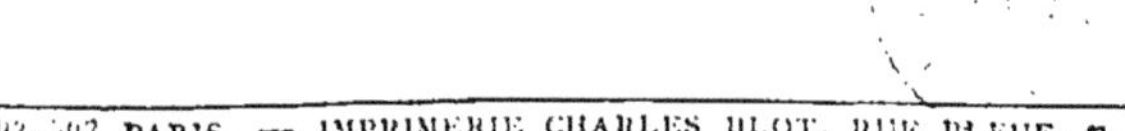

93-507 PARIS. — IMPRIMERIE CHARLES BLOT, RUE BLEUE. 7.